Stimmen und Richtlinien

herausgegeben

vom

Auslandsbund Deutscher Frauen

Provinzialverband Rheinland

Cöln, Domstraße 6

Mit Beiträgen von:

Dr. Gertrud Bäumer
Marie Louise Becker
Geh. Reg.-Rat Prof. Dr. Chr. Eckert
Frieda Fischer
Grete Litzmann
Leonore Nießen-Deiters
Prof. Dr. Schröer
Oberlehrerin Margarethe Treuge
Prof. Leopold von Wiese

1918

A. Marcus und E. Webers Verlag, Bonn a. Rh.

G.C.

Inhaltsverzeichnis.

Vorwort.

Die erfreuliche Entwicklung, welche der Auslandsbund Deutscher Frauen seit seinem nunmehr fast dreijährigen Bestehen genommen hat, veranlaßt den Provinzialverband Rheinland zur Herausgabe vorliegender Sammelschrift. Denn trotz aller Sympathien, die man unsern Bestrebungen entgegenbringt, kann nicht geleugnet werden, daß über Ziele und Zwecke des Bundes oft noch große Mißverständnisse herrschen. Vielleicht mag dies daher kommen, daß es nicht Aufgabe des Auslandsbundes ist, ein bestimmt begrenztes festes Arbeitsgebiet zu haben, wie dies beispielsweise beim Verein fürs Deutschtum im Ausland, bei den Kolonialvereinen, den Missionsvereinen oder den deutschen Schulvereinen der Fall ist. Die Arbeit des Auslandsbundes ist und muß eine weitverzweigtere sein; bei ihm müssen verschiedenartige Saiten mitschwingen. Die daheim im Lande geblieben sind, müssen das Interesse für die Auslandsdeutschen und für alle Bestrebungen, die für das deutsche Volk zweckmäßig sind, erwecken und pflegen. Diejenigen Frauen aber, die draußen leben, müssen durch ein richtiges Nationalgefühl sich bewußt sein, was sie dem Vaterlande schulden, und durch würdiges gesellschaftliches Auftreten das deutsche Ansehen heben. Drinnen und draußen aber soll eine Wechselbeziehung bestehen auf allen Lebensgebieten, die jeweilig für die Frauen in Betracht kommen. Die vorliegende Broschüre soll deshalb ein Versuch sein, die Vielseitigkeit unserer Bestrebungen zu beleuchten und ihnen in immer weiteren Kreisen Anhängerinnen zu gewinnen.

Vielgestaltig sind die in Betracht kommenden Fragen — theoretischer und praktischer Natur —; es schien darum ratsam, möglichst verschiedenartige Persönlichkeiten über diese Probleme zu Wort kommen zu lassen.

Aus der Fülle der hier gegebenen Anregungen, werden unsere Leser und Leserinnen manche interessante Gesichtspunkte und wertvolle Gedanken herausfinden. Es ist aber auch ein gut Teil Klarheit geschaffen; neue Wege sind uns gewiesen, bereits eingeschlagene gangbar gemacht worden. Wir hegen die Überzeugung, daß die aufmerksame Lektüre dieser Aufsätze die praktische Arbeit des Auslandsbundes außerordentlich befruchten wird. Darum gebührt allen Mitarbeitern unser wärmster Dank.

Noch möchten wir bemerken, daß der Auslandsbund nicht nur das Interesse der Auslandsdeutschen erregen sollte oder solcher Frauen, die sich durch Reisen viel draußen aufhalten — nein, auch die gebildete Frau daheim ist berufen, ihrerseits an der Lösung dieser Aufgaben mitzuarbeiten, wenn sie ihrem Vaterland aufrichtig dienen will.

Hiermit möchten wir das kurze Geleitwort einer Werbeschrift schließen, deren beste Empfehlung die Namen ihrer Mitarbeiter sind.

Der Literarische Ausschuß
des Provinzialverbandes Rheinland
I. A.: Rosa Bodenheimer.

Die Frauen und die Auslandspolitik.

Von Gertrud Bäumer.

Als wir uns im ersten Kriegsjahr unter dem gänzlich unerwarteten Wolkenbruch des Welthasses und der Weltverleumdung nicht genug wundern konnten, womit wir das alles verdient hatten, erörterte man allenthalben mit metaphysischer Gründlichkeit die Ursachen der sogenannten Unbeliebtheit der Deutschen. Von der Unmanier lodenbekleideter Kleinbürger im Ausland bis zu den Fehlern der Diplomatie suchte man Einzelgründe zusammenzustellen, die uns unser Mißgeschick erklären sollten.

Im Laufe des Krieges ist uns klarer geworden, daß diese Weltgegnerschaft und ihre Äußerungsformen andre Gründe hatten als die harmlosen Kulturmängel eines gewissen Typs des deutschen Reisenden (der übrigens in andren Ländern durchaus seine nationalen Ebenbilder hat). Aber wir haben auch andrerseits erkennen müssen, daß gerade diese Überraschung ein Beweis dafür war, wie wenig weltpolitische Tatsachen in das Bewußtsein auch des gebildetsten Teils unseres Volkes in ihrer vollen Wesenhaftigkeit eingedrungen waren. Es hat uns im Grunde an mehr gefehlt als an dem gesellschaftlichen Takt irgendwelcher deutscher Auslandreisender. Es hat an weltpolitischem Geist im ganzen Volke gefehlt. Wenn dieser Geist so entwickelt gewesen wäre, daß er einen entscheidenden Zug der öffentlichen Meinung ausgemacht hätte, so hätte diese öffentliche Meinung sich ohne Zweifel in vergangenen Jahrzehnten eine glücklichere Vertretung deutschen Geistes in der Welt erzwungen. Letzten Endes ist ja nicht die offizielle Vertretung entscheidend. Die Beziehungen der Völker untereinander laufen auf so vielen verschiedenen Bahnen des Kulturaustausches: den Bahnen von Handel und Gewerbe, Kunst und Geselligkeit, Wissenschaft und Reisen, auf allen Bahnen der Arbeit und des geistigen Lebens, daß das alles zusammen viel mehr bedeutet an Macht und Einfluß, als der offizielle diplomatische Verkehr. An der rechten Verwertung und Gestaltung aller dieser Beziehungen hat es uns tatsächlich gemangelt. Warum? Weil bei der Mehrzahl der Träger dieser kulturellen Beziehungen der weltpolitische Sinn nicht genügend entwickelt war.

Auf diesem Gebiet liegt auch die Schuld der deutschen Frauen. Eine Schuld, die sie zum Teil selbst trifft, die aber zum Teil an ihnen begangen ist. Um von dem letzten zuerst zu sprechen: Man hat der Frau durch die Ideale, die man als die spezifisch deutschen für sie aufstellte, und durch die Bildung, die man ihr gab, nicht nur von weltpolitischen Interessen ferngehalten, sondern auch versäumt, den Geist der Initiative und Mitverantwortlichkeit, die Sicherheit und das gesunde Selbstbewußtsein in ihr zu entfalten, das sie zu einer unaufdringlich tatkräftigen Vertreterin ihres Deutschtums gemacht hätte. Es gab für die Frauen keine andre Aufgabe, als die behagliche Gestaltung ihres Heims. Und auch die Frauen, die als Gattinnen von Kaufleuten, Industriellen, Gelehrten hinausgingen, suchten ihre Aufgabe vielfach in nichts anderem als der heimatlichen Gestaltung ihres eigenen Hauses. Das war gewiß sehr viel wert; aber es war nicht genug. Ein Doppeltes hätte hinzukommen müssen: das Bewußtsein, daß das deutsche Haus draußen berufen war, unermüdlich die besten Kulturkräfte der Heimat auch bei sich lebendig zu erhalten; und daß es ferner berufen war, diese Kräfte einzufügen in den kulturellen Weltaustausch. Jedes deutsche Haus im Ausland muß eine geistige Kraftstation sein, die fortdauernd den Niederschlag der geistigen Bewegung der Heimat in Kunst, Wissenschaft und Lebenskultur sammelt, und die andererseits dem Deutschtum den Zugang bahnt in die Sympathien des Auslandes, so unaufdringlich und selbstverständlich, wie es der natürliche Austausch im geselligen Leben allein ermöglicht. Wer Gelegenheit gehabt hat, deutsche Häuser im Ausland kennen zu lernen, die dieser Aufgabe gewachsen waren, weiß, was sie bedeuten können. Und andrerseits zeigen denen, die das Ausland kennen, hundertfache Erfahrungen, wie sehr es den deutschen Frauen vielfach dazu noch an Sicherheit, Initiative und Gewandtheit fehlt, vor allem aber auch an dem Bewußtsein für die Wichtigkeit dieser Aufgabe.

Die Heimat ist ihnen dabei wenig zu Hilfe gekommen. So wie das deutsche Haus draußen sein Leben vielfach für sich gehabt hat, ohne daß es durchdrungen war von seiner kulturpolitischen nationalen Mission, so wenig hat die Heimat an dieser Kulturarbeit draußen lebendigen Anteil genommen. Wenn wir reisten, haben wir unsren eigenen Interessen dabei gelebt, ohne immer daran zu denken, wieviele Möglichkeiten, dem deutschen Geiste draußen kleine, unscheinbare Dienste zu leisten, in unsre Hand gegeben sind; der Gedanke daran, daß jeder Deutsche im Ausland ganz von selbst im Dienst seines Vaterlandes steht, ist uns überhaupt kaum gekommen. Es soll hier nicht etwa davon die Rede sein, irgendwelche „deutsche Propaganda“ zu treiben. Wenn jeder von selbst und in den einfachen Beziehungen des Kulturaustausches seine Pflicht getan hätte, brauchten wir das sehr zweifelhafte Mittel einer besonderen „Propaganda“ überhaupt nicht. Wenn jedem die Pflicht in Fleisch und Blut übergegangen wäre, seine Bequemlichkeit und Schwerfälligkeit zu überwinden im unscheinbaren Dienst der unabsichtlichen Kulturpropaganda, — wenn jeder die Tatsache seiner Verpflichtung, die geistige Macht des Deutschtums draußen, wo immer er kann, zu verstärken, beständig in sich trüge, so wären die forcierten Aufklärungsfeldzüge, die mehr geschadet als genützt haben, nicht nötig gewesen.

Es kann überhaupt nicht genug betont werden, daß unsere moralischen Erfolge im Ausland sich nicht durch Organisationen und Agitation erzwingen lassen, daß sie nur in dem Maße wachsen werden, als der Instinkt für den Weltverkehr in uns lebendiger und selbstverständlicher wird. Man sagt dem deutschen Gebildeten sein lebendiges Verständnis für die Kultur fremder Völker nach. Dieses Verständnis ist immerhin ziemlich einseitig entwickelt gewesen. Es war mehr ein gelehrtes Wissen um die Kulturschätze des Auslandes als eine lebendige Fühlung für die Lebensformen und die aktuellen, politischen und kulturellen Kräfte fremder Nationen. Das Wissen des Engländers um das Ausland ist zweifellos oberflächlicher, aber es ist besser auf die Notwendigkeit und die Zwecke des Austausches und Verkehrs mit diesen Ländern, auf ihr praktisches Leben eingestellt. Eine Neuorientierung unseres Auslandsinteresses unter diesem Gesichtspunkt tut uns not.

Das alles kann nur in langsamer Entwicklung kommen. Gerade aber weil es mit uns verwachsen muß, so ist die Rolle der Frauen dabei eine so wichtige. Ihnen muß es vor allem zum durchschlagenden Element ihrer nationalen Bildung werden, daß sie den Geist und die Bedeutung dieser deutschen Arbeit für die kulturelle Geltung in der Welt fühlen, und daß sie wissen, daß Deutschland nicht nur in seinen geographischen Grenzen liegt, sondern überall dorthin reicht, wo ein deutscher Gedanke erfaßt, eine deutsche Leistung gewertet werden kann. Die Frauen allein können die großen Leistungen von Handel und Gewerbe, Technik, Wissenschaft und Kunst für die deutsche Weltgeltung dadurch unterstützen, daß sie die unendlich vielen, kleinen, feinen Kanäle öffnen, durch die das persönliche Leben der Kulturvölker ineinander flutet, einander durchdringt und beeinflußt. Das ist der Dienst, den sie, ohne aus dem Gebiet ihres eigentlichsten Frauenlebens hinauszugehen, beim Wiederaufbau erfüllen können, wozu freilich gehört, daß sie geistig fortan nicht so fest in die Schranken dieses ihres engsten Frauenlebens sich gebunden fühlen.

Die Au pair-Stellen in Frankreich.

Von Marie Louise Becker.

Vor dem Kriege war es üblich, daß junge Mädchen der verschiedensten Kreise Deutschlands nach Frankreich gingen, um dort ohne Gehalt in den Familien Dienste zu leisten; man wollte einen kostenlosen Aufenthalt und dabei die Erlernung und Übung der französischen Sprache zugleich erreichen. In welchem Umfange diese Auswanderung der deutschen weiblichen Jugend bestand, dürfte aus folgenden Zahlen zu ersehen sein: Bei Kriegsausbruch wurden etwa 80—100000 Deutsche allein in Paris gerechnet, darunter mehr als 12000 deutsche junge Mädchen. Die Assistence publique, das Findelhaus der französischen Regierung in Paris, nahm in jedem Jahre etwa 3000 deutsche Kinder auf und erzog sie zu französischen Staatsbürgern und Soldaten. Davon kamen fast die Hälfte als Kinder deutscher Mädchen in Paris zur Welt; die übrigen verschaffte sich die Regierung zur Auffrischung französischen Blutes im Wege des Kinderhandels.

Die Assistence publique übernimmt die Kinder, und die Mutter verliert alle Rechte und Ansprüche an sie.

Wie aber kam es, daß ein deutsches Mädchen dahin gelangt, das Kind ihres Blutes dem Landesfeinde zu geben? Das ist ein langer Leidensweg. Im Rahmen dieser Besprechung vermag man das nicht so genau zu schildern. Ich möchte hier nur das eine sagen: Es ist nicht immer nur Abenteuerlust, die diese Mädchen nach Paris treibt und auf Abwege führt. Es ist im wesentlichen die Forderung unserer guten Gesellschaft, daß Lehrerinnen, Erzieherinnen usw. ein dialektfreies Französisch sprechen, daß der Nachweis „eines Jahres in Frankreich" von der Stellungsuchenden geführt wurde. Es ist ferner die leidige Sitte, gerade an der Erziehung der Tochter zu ersparen, was der Sohn kostet, so daß auch Mädchen aus recht gesicherten Familienexistenzen oft mittellos dastanden und dem Zufall oder der Not oder der Verführung anheimfielen. Von den der Versuchung einmal zum Opfer gefallenen Mädchen sind immerhin viele — wenn nicht die meisten — nach Deutschland zurückgekehrt und haben sich hier eine neue Daseinsform gesucht, oder sich in der alten wiedergefunden. Wieviele Mädchen indessen in den öffentlichen Häusern Frankreichs auf Nimmerwiedersehen verschwunden sind, darüber haben wir keine Zahlen; auch nicht davon, wieviele in der Ehe mit einem Franzosen französische Bürgerinnen geworden sind.

Im allgemeinen war bis 1912/13 die deutsche Gouvernante gut gelitten in Frankreich. Sie bildete einen wichtigen Faktor im Volksleben; denn die ungeheuere Verteuerung der Lebensführung und der Arbeitskräfte, die der Krieg 1870/71 mit sich brachte oder zum Gefolge hatte, ermöglichte den französischen Hausfrauen durch sie eine beträchtliche Ersparnis. Nüchtern betrachtet waren diese jungen Mädchen und Damen meist das Mädchen für alles in solchem Haushalt. Man verdächtigte sie später, daß sie Spioninnen seien. Und dieser Begriff „Spionin" hat sich in der französischen Psyche festsetzen können, und welche Tragödien der Krieg im Dasein dieser unglücklichen Mädchen entfesselte, davon haben wir bisher auch nur stückweise gehört. Immerhin wissen wir, daß die französische Frau das deutsche Mädchen, dem sie die Erziehung ihres Kindes anvertraute, nicht geschützt hat, und daß diese jungen Mädchen Unsägliches in den verschiedensten Konzentrationslagern erdulden mußten.

Die Frage, die uns aber hier im wesentlichen beschäftigt, ist nicht das Vergangene, sondern das Zukünftige. Wie wird sich nach dem Kriege diese Abwanderung gestalten? Werden wir weiter die gute Aussprache über alles stellen, und weiter unsere Töchter in solche Versuchungen treiben? Und — wenn vielleicht die deutsche Familie durch die entsetzlich harte Lehre des Krieges etwas dazu gelernt haben wird und an Zusammenhalt gewonnen — wer wird das alleinstehende Mädchen verhindern können, in Frankreich eine Stellung zu suchen? zumal, wenn sich eine große Stellungsnot unter den Frauen, wie vorauszusehen ist, bemerkbar machen wird. Es gab in Paris eine deutsche Kolonie, die viel für die mittellosen Deutschen tat. Aber es gab in dieser Kolonie weder Interesse, noch Fürsorge, noch ein Heim für diese jungen Mädchen. Die Dame der deutschen Kolonie nahm sicher eine Französin ins Haus für ihre Kinder! Es gab ferner ein Lehrerinnenheim und ein katholisches Heim. Aber in diesen beiden Heimen fehlte es an der genügenden Kenntnis der französischen Gesellschaft, an der Sichtung der Adressen für die Stellungsuchenden usw.

Ich möchte hier ein amerikanisches Heim als Muster darstellen für das, was not tat. In diesem Hause konnten die Mädchen wohnen, lesen, umsonst den Nachmittagstee oder für billiges Geld die andern Mahlzeiten einnehmen, Gäste empfangen und arbeiten. Das Stellungsvermittlungsbureau stand in enger Fühlung mit den Behörden und den Damen der Kolonie, die wieder Mitarbeiterinnen waren beim Einziehen von vertraulichen Erkundigungen. Eine kleine angebaute Baracke mit sechs Betten, einige Badezellen sorgten für alle Lebenszufälle. Dies war ein wirkliches Heim.

Jedenfalls dürfen wir uns darüber keine Illusionen machen: Auch nach dem Kriege werden wieder Tausende von deutschen Mädchen nach Frankreich ziehen, — viele, die das Studium lockt oder die Not treibt, und viele, die dort waren und nun in Deutschland dasselbe Mißtrauen fanden, das ihnen in Frankreich begegnet war. Wir wollen einmal ehrlich sein: Auch wir haben Chauvinisten im Lande, und gegen die Heimflüchtenden ist zuweilen doch auch mit mancher Härte vorgegangen worden. Manch eine, die in Frankreich immer nur von der deutschen Heimat und dem deutschen Hochsinn schwärmte und sich durch solche Begeisterung dort manche Verstimmung zuzog, wird darum wohl nach dem Kriege mit tiefer

Enttäuschung zurückkehren an den fremden Herd, trotz allem, was sie dort litt. Man wird mir vielleicht antworten: „Es ist nicht schade darum!" Das ist eine zu bequeme Ausflucht. Wir müssen bedenken, daß wir mit jedem vollkräftigen Menschen, der das Vaterland verläßt, dem andern Lande eine Arbeitskraft, eine Intelligenz, — ja eine Bevölkerungsauffrischung abgeben, die wir nach den furchtbaren Blutopfern des Krieges selbst nötig hätten; daß diese Zustände im Laufe der Jahrzehnte eine Armee gegen uns bewaffnen, die im Grunde unser eigenes Blut ist.

Diese Frage ist zu grausam im Angesicht der wütenden Heere, der gleichwertigen, unersättlichen Gegner, um mit leisen Fragen und sanftem Übertuschen behandelt oder mit Hochmut übergangen zu werden. Es gilt nicht, sich abzuschließen, — aber es gilt, das deutsche Blut zu wahren und zu ehren. Es ist notwendig, daß die deutschen Kolonien, daß in erster Linie die Frauen des Auslandbundes sich um diese Mädchen kümmern, daß sie ein Heim bekommen; daß Damen, die orientiert sind in den Verhältnissen und in der gesellschaftlichen Zusammensetzung des Landes, Erkundigungen einziehen nach den einzelnen Stellen; daß sie sich über die Stellung und ihre Bedingungen informieren, wenn die Mädchen dort sind; daß sie sich die Schlafgelegenheit, das Arbeitsprogramm vorlegen lassen; daß diese jungen Mädchen eine spezielle weibliche Beratungsstelle amtlich im Konsulat finden; daß dafür gesorgt wird, daß sie auch gesellschaftlich den Anschluß an das deutsche Volkstum, an die deutschen Gebräuche und Sitten und Moralgesetze behalten; daß das Vaterland die ehrlich Arbeitssuchenden vor Ausnutzung schützt und gegen Verführung stärkt; daß die Hilfe oder Rat suchenden nicht wie Bettlerinnen, die Irrenden nicht wie Sünderinnen, die Einsamen nicht wie Fremde behandelt werden.

Eine solche Organisation wird dann die verhängnisvolle Phrase „Spionin" ausschalten, weil die Einzelne nicht mehr die Alleinstehende ist.

Und der Würde und dem Ansehen deutschen Volkstums kann es nur dienen, wenn unsre jungen Mädchen eben nicht mehr für jeden Dienst zu haben sind, und für jede Freundlichkeit und Herzlichkeit, die man ihnen in ihrer gänzlichen Vereinsamung im fremden Lande erweist, mit ihrer Person quittieren müssen.

Im großen und ganzen aber wird diese ganze Fürsorge auch eine Bekämpfung des Au pair-Stellenwesens selbst ins Auge fassen müssen.

Da gab es in Frankreich freie Wohnung und Essen für Kinderpflege, für Konversation, für Hausarbeit, für stundenweisen Unterricht; für Sachen, die immerhin ihren Preis hatten. Das „Fräulein" bekam kein Gehalt. Ein Dienstmädchengehalt beträgt mindestens 40 bis 50 Franken, meist 80 und sehr oft 120 Franken im Monat. In der Regel war die Ausbeute an Sprachkenntnissen für das „Fräulein" gleich Null, denn, da sie immer Deutsch sprechen mußte, lernte sie ja eben nicht, was sie suchte. Es war ein Kompromiß, ein Notbehelf, wie so vieles im Frieden der letzten Jahrzehnte. Der Krieg, der ja über manche Dinge klarere Verhältnisse schafft, wird vielleicht auch selbst dazu helfen, daß das deutsche Mädchen weniger in die französischen Familien geht und kommt, und daß Unterricht und gemeinsames Leben nicht mehr miteinander verwechselt werden, was zweifellos in erster Linie diese unglücklichen Zustände geschaffen hat.

Vielleicht dürfte auch unsere Regierung in den ersten Jahren nach dem Krieg durch einen Paßzwang verhindern, daß stellungslose und mittellose junge Mädchen über die Grenze gehen. Man könnte den Nachweis einer Stellung und bestimmter Barmittel als Bedingung für die Ausstellung des Passes geben.

Diese Zwangsmittel aber würden immer nur für die erste Zeit helfen. Was auszubauen ist, wäre eine organisierte Fürsorge für die weitere Zukunft, die dem Unheil der Zustände vor dem Kriege dauernd in die Zügel fällt.

Ansprache
bei Gründung der Ortsgruppe Cöln des Auslandsbundes deutscher Frauen

6. Oktober 1915.

Von Geh. Regierungsrat Prof. Dr. Chr. Eckert.

In der Gestaltung des Volkslebens wie jedes Einzeldaseins dreht sich ein Grundproblem darum, stets das Mögliche zu wollen. Wir bezeichnen dieses planmäßige Wollen im Völkersein als Politik. Sie ist eine Kunst, die im Krieg mit andern Mitteln wie im Frieden den gleichen Zielen zustrebt. Krieg und Frieden sind nicht vollendete Gegensätze, sondern nur Erscheinungen verschiedenen Grades. Der Frieden ist nie kampflos, der Wettstreit wird in ihm lediglich mit humaneren Waffen geführt. Auch wer den Frieden will, muß stets an den Krieg und seine Vorbereitung denken. Ebenso ist es mitten im schrecklichsten Kriege aller Zeiten notwendig, die kommende, sehr erschwerte Friedensarbeit mit ihrer Fülle neuer Aufgaben anzubahnen. Noch während des tötenden Streites ist die völlige Neuorganisation auszudenken, die sich für fast alle wirtschaftlichen und kulturellen Beziehungen unausweichlich erweisen wird.

Wenn wir uns so mitten in dem noch unübersehbaren Ringen des Weltkrieges schon mit den Fragen des Aufbaus und Ausbaus unseres Volkswirkens nach seinem Abschluß beschäftigen, tun wir im Wesen nichts anderes, als was unsere Nation im Hinblick auf den Krieg in 44 Friedensjahren getan, leisten wir eine vorbereitende Arbeit wie jene, die uns ermöglichte, eine Überfülle von Feinden abzuwehren. Ähnlich umsichtige Vorbereitung soll uns jetzt wieder helfen, nach dem erhofften Sieg dessen Früchte zu pflücken, dafür zu sorgen, daß die großen Opfer nicht umsonst sein werden.

Die Kernaufgabe, die wir zu lösen haben, besteht für uns in der Durchsetzung unseres Volks- und Kulturideals, das wir im Rahmen unseres eigenen Staates hochhalten wollen, das aber auch darüber hinaus die Welt durchdringen soll. Gewiß ist die Förderung allgemeiner Menschheitsziele unser letztes Streben. Ihnen nachzugehen, ist aber nur bedingt möglich und meist nur auf dem Weg über die Pflege der national-staatlichen Interessen. Sie allein können der Masse gegenüber betont werden, weil sie allein der Masse verständlich sind; ihre Pflege, in deutschem Sinne verstanden, führt uns auch den letzten Menschheitszielen entgegen.

Wir haben in der Vergangenheit, vor dem Weltkrieg weniger scharf als Engländer, Franzosen und slavische Nationen unser Kulturideal innerhalb unserer heimischen Grenzpfähle wie draußen verfochten. Wir müssen in der neugefestigten Überzeugung von der sittlichen Überlegenheit unserer nationalen Ideale sie künftig genau wie unsere Feinde innerhalb wie außerhalb der heimischen Gaue tapfer vertreten.

Vor allem gilt es, nach dem Frieden auch derer nicht zu vergessen, die deutscher Abstammung sind und denen es doch versagt ist, in den Grenzen des Deutschen Reiches eine dauernde Heimstatt zu finden. Mehr als bei vielen andern Völkern sind Kinder unserer Nation außerhalb der heimischen Gaue gesiedelt. Sie und ihre Nachkommen beim Deutschtum festzuhalten, ihre Staatszugehörigkeit, zum mindesten ihren Kulturzusammenhang uns zu erhalten, wird eine der dringendsten Aufgaben nach dem Kriege sein. Sie muß in doppelter Weise jetzt schon vorbereitet werden.

Einmal ist vonnöten die Klärung einer ganzen Reihe von Beziehungen, die über die heimischen Grenzen hinausgreifen. Wo sind Abkömmlinge unseres Stammes? wie leben sie? wie sind ihre Beziehungen zur Heimat? welche Aufgaben sind draußen zu erfüllen? wo können neue angegriffen, wo die alten gesteigert werden? — diese und hundert andere Fragen sind zu beantworten. Solche Materialbeschaffung, solche Aufhellung von Zuständen, die in weitesten Kreisen heute unbekannt sind, kann sofort in Angriff genommen, ja im Kriege bereits weitgehend durchgeführt werden. Das zweite Problem wird sein, eine beträchtliche Zahl unserer Inlandsdeutschen für diese neuen Aufgaben zu interessieren und an ihnen zu beteiligen. Sie kann jetzt nur angebahnt werden; ihre Durchführung wird den kommenden Friedenszeiten vorbehalten bleiben.

Wenn wir uns heute nach der Stellung des Deutschtums in der Welt fragen, wenn wir sie im Umriß zu überschauen suchen, so sehen wir Gefahren besonderer Art.

Erstens stellen wir fest, daß mehr als bei andern Nationen große Stücke unseres ehemaligen Vaterlandes, die mit uns früher zu einem nationalen und volklichen Körper vereint gewesen sind, im Laufe der Jahrhunderte samt ihren Bewohnern abgespalten wurden. Dies rührt daher, daß nach dem Zusammenbruch des mittelalterlichen Weltimperiums, dessen Kernstück die deutschen Gaue gebildet hatten, Glieder des Gesamtstaates abgetrennt wurden. Die Universalmonarchie des Mittelalters hat sich zerteilt, Stücke des Ganzen haben ein selbständiges Eigenleben begonnen. Die deutschen Schweizer schlossen sich mit Romanen zur Eidgenossenschaft zusammen. Unser Ostreich, die österreichische Grenzmark, ist in der habsburgischen Monarchie aufgegangen. Kurland wurde russisch, Luxemburg uns, wenigstens politisch, entfremdet. Die Vlamen wurden mit den Wallonen zusammen zu einem neuen Königreich im Laufe des 19. Jahrhunderts verschmolzen. Gewiß hat zu den abgetrennten Körpern zeitweise und auch noch in der jüngsten Vergangenheit kulturelle Annäherung, wie zwischen Deutschland und Österreich, wirtschaftliche wie zu Luxemburg bestanden, aber eine völlige Einigung ward doch nicht erzielt.

Ein anderes Moment ist die verhältnißmäßig sehr starke deutsche Auswanderung. Sie hat in den achtziger Jahren des vergangenen Jahrhunderts ihren Höhepunkt erreicht. Auch sie hat mehrere Ursachen. Bei wachsender Volkszahl hatten der ehemalige Deutsche Bund und auch selbst noch das neugeschmiedete Deutsche Reich nicht für alle Landeskinder genügend Anziehungskraft besessen, nicht allen Lebensmöglichkeit gegeben. Politische, religiöse, vielfach auch wirtschaftliche Motive haben zur Auswanderung nach Amerika und anderen Staaten gedrängt. Gerade die wirtschaftlichen Verhältnisse sind mehr noch als die übrigen die Ursache gewesen, daß bis in die jüngste Vergangenheit alljährlich Zehntausende, zeitweise Hunderttausende außerhalb Deutschlands eine neue Heimat suchen mußten. Es sind durchaus nicht die schlechtesten Elemente, die sich zur Auswanderung entschlossen. Es waren niemals ganz unfähige, selten ganz arme Personen und Familien, die den Weg über See gefunden haben.

Erst der starke Aufschwung, den unsere Wirtschaftskraft seit den neunziger Jahren genommen, die wachsende Verdienstmöglichkeit, die Verdichtung der Bevölkerung namentlich in den Industriegegenden haben dem Wanderstrom hemmende Schranken entgegengestellt. Immerhin ist eine Volkszahl von etwa 30 Millionen außerhalb Deutschlands heute zu finden, die deutschen Ursprungs sind. Die Abkömmlinge unserer deutschen Stämme sind weithin in den überseeischen Gebieten zerstreut, ohne irgendwelchen politischen, ja vielfach sogar ohne wirtschaftlichen Zusammenhang mit der Heimat. Wir sind im kolonialen Wettstreit der Völker fast zur letzten Stunde gekommen, hatten zwar vermocht, uns noch eine Reihe tropischer Kolonien zu sichern, haben aber kaum Siedlungsland gewonnen, in dem Weiße leben können.

Diese deutschen Volkssplitter sind mehr noch als die deutschen Volksteile in den europäischen Nachbarländern des Reiches in der Jetztzeit gefährdet. Die Gefährdung der deutschen Abkömmlinge jenseits der Meere wird noch dadurch verstärkt, daß auch der kulturelle Zusammenhang mit der alten Heimat vielfach verloren geht.

Diese betrübliche Erscheinung hängt zum Teil damit zusammen, daß die Weltsprache außerhalb Europas, daß die Sprache des Handels und Verkehrs fast allenthalben

Englisch war. Die Pflege des Englischen erschien für jeden im Lebenskampf als notwendig, während das Festhalten der deutschen Sprache vielfach gerade dem mühsam im Brotkampf Ringenden für Kinder und Kindeskinder als überflüssiger und unnützer, nur durch sentimentale Regungen verteidigter Ballast betrachtet wurde.

Die Leichtigkeit im Erlernen fremder Sprachen, die zu den Eigenarten der meist musikalischen Deutschen gehört, ist ein Hemmnis für die Verbreitung der deutschen Sprache geworden, insofern Deutsche allenthalben in der Welt sich bemühten, dem fremden Idiom sich anzupassen. Die überwiegend unmusikalischen Engländer, denen vielfach das Empfinden für den Tonfall mangelt, sprechen überall Englisch und zwingen die andern, sich ihnen anzubequemen. In dem Maße, als Auslanddeutsche ihre wirtschaftlichen Stellungen ausbauen, müssen auch sie ihre Umwelt zwingen, Deutsch zu verstehen. In dem Maße, als wir im Inland reicher werden und auf Reisen Ausgaben machen können, müssen wir diejenigen, die an uns Geld verdienen, nötigen, unsere deutsche Sprache zu lernen.

Denn die deutsche Sprache gibt den Weg zum Geistes- und Kulturleben unsres Volkes, zu all dem Schönen und Großen, was deutscher Empfindung und deutschem Gemüt entsprungen. Nicht mehr Deutsch sprechen, ja nicht mehr Deutsch lesen, bedeutet abgeschnitten sein von deutschen Büchern und Zeitungen und angewiesen auf die fremdländische Presse, die, von ausländischen Telegraphenfirmen bedient, die falschen und törichten Vorstellungen erweckt. Im Kriege standen wir ihnen hilflos gegenüber, und vor dem Kriege ließen sie selbst viele gut deutsch Gesinnte durch die lügnerischen Schlagworte allmählich an ihrem Vaterland irre werden. Deutsche Presse und deutsche Schule haben auf diesem Gebiet dringliche Aufgaben zu lösen. Die Pflege der deutschen Sprache trägt auch zur Überwindung des Kastengeistes bei, den so viele Auslandsdeutsche aus der Heimat in die Fremde übernommen haben. Die Freude am Klubwesen, die Vorliebe für die Society, der Wunsch, lieber mit Klubgenossen als mit vielleicht ärmeren Stammesbrüdern zu verkehren, hängt zum mindesten indirekt mit diesem Problem zusammen.

Die Aufgabe der Auslanddeutschen, im Kulturzusammenhang mit dem Mutterland zu bleiben und doch sich draußen zu behaupten, wird nach dem Kriege nicht leichter, sondern sehr viel schwerer werden als in der vorhergegangenen langen Friedensperiode. Auch nach dem Sieg wird jedem Deutschen, der draußen in der Welt sich betätigen muß, mancherlei Schwierigkeit bleiben.

Die Verhältnisse liegen ja anders als nach 1870. Damals hatten wir eine einzige Nation, die Franzosen, besiegt, war die Welt am Kampf mit uns nicht beteiligt, hatte die Niederwerfung des kaiserlichen Frankreich uns allenthalben, wenn auch nicht Sympathien, so doch wenigstens Bewunderung und Achtung gebracht. Die Revanchegelüste Frankreichs, die kaum über dessen politische Grenzen und seine damals noch nicht allzuweit gedehnten Kolonien hinausreichten, konnten uns im Weltgetriebe nicht allzuviel schaden. Heute stehen die mächtigsten Länder der Erde mit übergroßem Besitz in allen Kontinenten vereint gegen uns, wird das Gefühl der Demütigung, des Grolles in den Besiegten sich auch nach dem Kriege noch in mehr oder minder offenem Widerstand gegen alles Deutsche auslösen.

Selbst bei den Neutralen, von denen viele uns übel wollen, manche uns so viel Böses tun, als ohne großes Risiko zu vollbringen ist, die sämtlich ganz anders als durch das deutsch-französische Ringen 1870 in Mitleidenschaft gezogen sind, wird keine allzufreundliche Stimmung gegen uns sein. Bei Neutralen wird genau wie bei unsern Feinden die Macht der Presse gegen uns wirken. Sie kannten uns nie und kennen uns heute nicht, wo wir als Hunnen und Barbaren ihnen geschildert sind. Wie die Verleumdung, unter der jeder schon gelitten, viele Einzelleben vernichtet, so ist die Verleumdung heute die giftigste und gewiß eine gefährliche Waffe im Völkergetriebe geworden. Tun die Feinde etwas, so ist es weise getan; tun wir etwas, so werden wir allenthalben deswegen gescholten. Gerade aber um deswillen werden die Schwierigkeiten für das Auslanddeutschtum nicht kleiner sein, wenn wir weniger vollkommen siegen, als wir alle hoffen. Erst recht hätten wir dann unter dem Groll zu leiden, der allenthalben sich gegen uns aufgespeichert hat. Er würde vielleicht weniger bitter sein, sich aber gegen den Schwächeren heftiger entladen als gegen den Starken.

Wie können wir unter diesen Umständen helfen?

Die beste Hilfe für Ausland- wie Inlanddeutsche, Notwendigkeit für uns alle ist die Stärkung des Reichs, wird unsere Behauptung gegen eine Welt von Feinden, unser Sieg über die mächtigsten Nationen der Erde sein. Alle Kräfte des Volkes sind heute auf dieses eine Ziel zu richten. Die, die draußen kämpfen und nicht minder die zu Hause Gebliebenen müssen alles daransetzen, damit wir nicht unterliegen. Schon die einfache Behauptung unserer Stellung in der Welt gegenüber Rußland, England und Frankreich wäre eine Großtat ohnegleichen. Die völlige Besiegung eines Staates wie Rußland wird auf lange Zeit hinaus uns Luft und bessere Lebensmöglichkeit verschaffen, wenn sie uns auch naturgemäß zunächst viel Feindschaft bringt und keinen neuen Freund gewinnen wird.

Der allgemeinen Feindseligkeit gegenüber ist sodann nichts wichtiger als die Pflege kräftigen, stolzen Nationalbewußtseins. Der schlimmste Feind deutschen Wirkens und Schaffens wäre irgendeine Art von Schamgefühl, wäre die Sentimentalität, die uns früher so oft geschadet. Nicht um die Weltglückseligkeit kann es uns zunächst zu tun sein, sein, sondern um die Pflege der Nationalaufgaben. In dieser Richtung können wir von unserem stärksten Gegner mancherlei lernen, von England, das in jedem Angehörigen seines Volkes die Überzeugung von der vollkommenen Überlegenheit seiner Kultur fest gegründet hat. Unsere ganze politische Orientierung muß deutlicher noch als in rückliegenden Jahrzehnten unter dem Gesichtspunkt der Nutzwirkung für unser eigenes Volk sich vollziehen. Dieser Glaube muß wie innerhalb der heimischen Grenzen auch bei allen draußen Wohnenden lebendig erhalten bleiben.

Neben dieser politischen stehen die wirtschaftlichen Aufgaben, die mit dem Friedensschluß uns nahegebracht werden, die die Wiederaufnahme unserer Wirtschaftsbeziehungen in allen Erdteilen erheischen. Denn wenn es jetzt auch während der Kriegsmonate in nie geahnter, staunenswerter Weise gelungen ist, innerhalb einer fast isolierten Volkswirtschaft das Nötigste zu beschaffen und den Kriegszweck durch Hintansetzung aller persönlichen Liebhabereien zu erreichen, so wird doch auf die Dauer diese Ausscheidung Deutschlands aus dem weltwirtschaftlichen Getriebe weder möglich noch wünschenswert sein. Die Pflege der internationalen überseeischen Handelsbeziehungen, des zwischenstaatlichen Wertausgleichs wird eine unvermeidliche und lockende Aufgabe bleiben müssen. Sie wird in vielen Fällen die festesten Fäden zwischen Inland- und Auslanddeutschen knüpfen, auch unsern Überseern die wirksamste Hilfe sein können.

Nicht minder wird es sich aber darum handeln, die kulturellen Fäden neu zu knüpfen, die in einer nie dagewesenen Weise zwischen den kriegführenden Staaten diesmal zerfetzt sind und doch auf die Dauer keinesfalls zerrissen bleiben können. Die Menschheitskultur kann nur durch die innige Berührung und den Ausgleich der einzelstaatlichen Kulturerrungenschaften gefördert werden.

Wichtig für uns bleibt es vor allem, daß die Deutschen, welche die Notwendigkeit zwang und zwingt, außerhalb Deutschlands zu wohnen, die für Jahre oder Generationen in überseeischen Gebieten siedeln, ja daß die deutschen Abkömmlinge, die eine neue Heimat gefunden haben und in ihr sich einlebten, in innigen Kulturbeziehungen zu ihrem Mutterlande bleiben. In nicht allen Fällen wird es angängig, nicht einmal wünschenswert bleiben, daß sie die deutsche Staatsangehörigkeit für Kind und Kindeskinder bewahren. Aber auch wo unsere Stammesgenossen treue Bestandteile fremder staatlicher Bürgerschaften geworden sind, können sie unbeschadet dessen ihre deutsche Sprache und deutsche Sonderkultur pflegen und damit vielfach zugleich der Entwicklung des deutschen Wirtschaftslebens durch seinen Außenhandel dienen. Mehr noch als die Pflege der politischen und wirtschaftlichen Beziehungen zwischen deutschen Sprößlingen und der deutschen Muttererde ist die Aufrechterhaltung der kulturellen Gemeinschaft zwischen den In- und Auslandsdeutschen eine dringende Zukunftsaufgabe.

Sie ist möglich dadurch, daß von hier aus Boten hinausgesandt werden ins Ausland, die neben der Aufklärung des Auslandes über deutsche Verhältnisse auch die Beziehungen zu den Auslandsdeutschen pflegen, ihnen die Grüße der Heimat immer wieder bringen. Aber auch jeder einzelne, der reist, darf sich nicht wie seither begnügen, mit den ihn interessierenden Fremden Fühlung zu nehmen, sondern er muß auch darnach trachten, mit den Deutschen in dem betreffenden Land in Berührung zu kommen und mit ihnen sich auszutauschen. Er wird schnell erkennen, daß er dabei nicht nur dem dringenden Verlangen unserer Auslandsdeutschen, von der Heimat und ihrem Wachsen und Werden zu hören, leicht Genüge leisten kann, sondern daß er durch Vermittlung unserer Auslandsdeutschen zugleich einen besseren Einblick in fremde Lebensart gewinnt, als es sonst bei kurzem Besuch der uns zum Teil noch sprachfremden Länder überhaupt möglich wäre.

Ebenso notwendig ist aber, daß die Ausgewanderten und deren Nachkommen beim Besuch Deutschlands einen guten Empfang finden, daß sie mit deutscher Kultur in unmittelbare warmherzige Berührung kommen. Wie schwer das für jene war, die Beziehungen zu ihrer Sippe, zu Verwandten und nahen Freunden im Laufe der Zeit eingebüßt hatten, läßt sich leicht erkennen. Wer viel reist, der weiß, daß es leicht ist, mit dem vertraut zu werden, was ich als Wirtshauskultur bezeichnen möchte, weiß, wie eine gewisse oberflächliche Berührung mit fremdem Wesen sich zwanglos bietet, wie aber anderseits gerade in den großen Hotels, auch in Theater und Konzerten oft nur wenig von der Eigenart des Landes, sondern mehr ein gewisses Internationales in Erscheinung tritt. So ist es für die Auslandsdeutschen nicht ausreichend, wenn sie beim Besuch ihres Abstammungslandes in unsern Gasthöfen, Theatern, Konzerthäusern Umschau halten. Wenn Verhältnisse, wie sie vor dem Krieg waren, wiederkehren sollten, so ist deutsches Wesen und deutsche Art gerade in solchen von fremdem oft verdrängt. Viel wichtiger ist, daß den Auslandsdeutschen ein guter Empfang im deutschen Hause selbst zuteil wird, daß sie mit der deutschen Heimkultur in innige Berührung kommen, daß sie, auch ohne Verwandte zu besitzen, mit Menschen ihres Standes, ihrer Geistes- und Wesensart in nahe Beziehung treten.

Für die letztgenannten Aufgaben ist ein Aufruf an die deutsche Frau geboten, einmal um deswillen, weil die deutschen Männer durch die politischen und wirtschaftlichen Notwendigkeiten gerade nach dem Krieg sehr in Anspruch genommen sein werden, bei unserer durch Tod und Verstümmelung merklich verkleinerten Volkskraft diese nötigsten Aufgaben alle Männer beanspruchen werden. Der Ruf nach den deutschen Frauen ist aber auch um deswillen geboten, weil die Frau für diese angedeuteten Kulturaufgaben an sich geeigneter als der Mann erscheint. Gewiß ist es bei uns nicht so und soll es nicht so werden wie in den Vereinigten Staaten von Amerika, wo der Mann nur Sinn für das Geschäft hat, der Frau fast ausschließlich die Pflege von Literatur und Kunst, der ganzen schönheitlichen Seiten des Lebens vorbehalten bleibt. Aber doch wird nach dem Krieg die Frau nicht nur mehr Sinn, sondern auch mehr Zeit als der Mann für diese Fragen haben.

Vor allem ist und bleibt die Frau die eigentliche Trägerin der Häuslichkeit; sie kann die vornehmlichste Aufgabe erfüllen, den Auslandsdeutschen den Weg zum deutschen Haus und damit dem Deutschtum den Weg zum Herzen jedes unserer Abkömmlinge zu bahnen. Wie draußen in den überseeischen Gebieten die deutschen Siedlungen nur da deutsch geblieben sind, wo deutsche Frauen den Haushalt verwalteten, so kann auch das Auslandsdeutschtum mit echt deutschem Fühlen und Denken allein durch Vermittlung der deutschen Frau in der alten Heimat die Fühlung finden. Neuen Gedanken die Welt zu erobern, vermag meist nur der Mann; sie völlig einzubürgern ist überwiegend Aufgabe der Frau.

Gewiß gibt es unendlich viel Veranstaltungen und Vereine, die neben anderem auch diese Aufgabe sich zum Ziel setzen. Wieviel Hilfsvereine jeder Art existieren, hat Frau Niessen-Deiters schon vor Jahren in dankenswerter Weise zusammengestellt. Aber diese Hilfsorganisationen pflegen doch in erster Linie fast ausnahmslos das charitative Element. Daneben steht die Berufsberatung für solche Frauen, die sich betätigen wollen, wie sie im Kartell der Auskunftstellen für Frauenberufe eine vollendete Organisation gefunden. Der neue Auslandbund deutscher Frauen dagegen muß gesellschaftliche Aufgaben zum Hauptproblem nehmen, während die Unterstützungsfragen für ihn nur nebenbei mitgehen können.

Der Auslandsbund deutscher Frauen setzt sich zum Ziel, im Ausland durch Sendboten wie durch Reisen seiner Mitglieder aufklärend und anregend zu wirken, deutsche Anschauungen zu verbreiten, deutsche Kulturbeziehungen anzuknüpfen. Nicht minder wichtig dünkt ihm, den Auslanddeutschen, die für längere oder kürzere Frist zur Heimat wiederkehren, Haus und Familie zu öffnen, ihnen im persönlichen Umgang einen Einblick zu gewähren, was deutsche Gedanken heute bewegt, wie wir leben, wonach wir streben, wieweit wir in der Welt vorangekommen sind. Statt durch ängstlichen Kastengeist die Heimkehrenden anzuekeln, müssen wir ihnen kameradschaftlich begegnen, müssen wir die Sehnsucht, die sie heimtrieb, stillen, sie ihr Mutterland von neuem lieb gewinnen lassen.

Gewiß ist das nicht so zu denken, daß die Mitglieder des Bundes durch ihre Mitgliedschaft verpflichtet sind, jeden Auslandsdeutschen wie in alter gastlicherer Zeit bei sich aufzunehmen. Für diese persönlichen Beziehungen kommen nur Auslandsdeutsche in Betracht, die Mitglieder des Bundes sind und damit eine gewisse Gewähr bieten, daß sie für den persönlichen Umgang in Frage kommen können. Alle, die durch ehrliche Lebensarbeit, durch Familientradition, die in Wissenschaft und Kunst sich auszeichnen, die Bildung im besten Sinne des Wortes besitzen, d. h. alle, die sich in Geist und Gemüt eines andern hineinzufühlen verstehen, sind in diesem Kreise willkommen. Eine gegenseitige Belebung der Arbeit und der Anschauungen zwischen Inland- und Auslanddeutschen, insbesondere zwischen deutschen Frauen, wie sie der Auslandbund erstrebt, ist von höchstem nationalen Interesse. Sie wirkt erziehend auf die Inlanddeutschen, sie ermutigt die draußen Zerstreuten, gibt ihnen neue Kraft, erhält ihrem Stamm die Kultur unsers Volkes. Der Auslandbund kann helfen, ein festes Band zu weitgehendem nationalen Zusammenschluß zwischen In- und Auslanddeutschen zu schließen.

Eine besondere Aufgabe fällt dabei den Jugendgruppen zu, die das Verständnis für deutsches Wesen in der heranwachsenden Generation wecken sollen, um dem noch reifenden Mädchen und der jungen Frau den Stolz auf ihr Deutschtum lebendig zu erhalten, ihn so zu stählen, daß er auch bei längstem Aufenthalt unter fremder Sonne sich nicht beugt. Die Anschauung muß in jeder deutschen Frau lebendig werden, daß sie selbst unter schwierigsten Umständen im Berufsleben oder als Hausfrau allenthalben bei Takt und Geduld, bei Lebens- und Weltkenntnis dem

Deutschtum Freunde und Achtung zu gewinnen vermag, und daß sie gerade dadurch ihre soziale Stellung im Ausland am besten sichert. In jedem soll die Überzeugung leben, daß es Gefühlsschwäche ist, nicht unter allen Umständen und in allen Lebenslagen an der Nationalität festzuhalten, die uns angeboren ist.

Wir Deutsche wissen heute mehr denn je, daß wir aus einem guten, unverwüstlichen Hause stammen, dessen Sprache und Sitten wir uns nie zu schämen brauchen. Die im Auslandsbund vereinten Frauen, als des deutschen Hauses treueste Hüterinnen, wollen zu ihrem Teil mithelfen, daß keiner unserer Stammesgenossen uns künftig mehr innerlich oder äußerlich entfremdet, daß der gute Klang des deutschen Namens mehr noch als ehedem in der Welt vernommen wird.

Richtlinien.

Von Frieda Fischer, Cöln.

„Die Französin ist oberflächlich und eitel!" sagte mir eine Dame mit dem Ausdruck tiefster Überzeugung. „Und womit begründen Sie diese Behauptung?" fragte ich. „Ich lernte eine Französin im Seebade kennen," erwiderte sie; „sie tat nichts, als sich zu putzen und zu kokettieren".

Wie oft haben wir alle uns bei dem Fehler ertappt, den zufällig in unsern Gesichtskreis kommenden Ausländer als Typus seiner Rasse aufzufassen, von dem Einzelnen auf die Allgemeinheit mit größter Sicherheit zu schließen! Das ist ein leichtfertiges, ungerechtes Urteil, das wir in uns selbst berichtigen sollten. Aber schwerlich werden wir es aus der Welt schaffen können.

Und das bedenke, deutsche Frau, die du im Ausland bist: Da bist du nicht Frau A oder Fräulein B, sondern die deutsche Frau; da bist du ein Typus, da gehst du auf Stelzen einher, da vertrittst du deine deutschen Schwestern und setzest dich beständig einer gewiß nicht immer wohlwollenden Kritik aus. Und darum sei auf deiner Hut und gehe scharf mit dir ins Gericht, denn deine Art wird zum Maßstab für uns alle. Fühle doppelt die Verantwortung für alles, was du tust, nicht nur du, die du hinausgehst in ein Kulturzentrum, sondern auch du, die du ins schwärzeste Afrika verschlagen wirst. Nicht du wirst für deine Taten verantwortlich gemacht, sondern die deutsche Frau! Und darum hüte du ihren Ruf!

Was war es anderes als dieses Verantwortungsgefühl, das dich erröten ließ, wenn draußen eine Landsmännin etwas laut und indiskret war und darob von den Ausländern schief angesehen wurde! Diese Landsmännin war plötzlich wie deine Schwester und befleckte dich mit. Was dir zu Hause deine Familie bedeutet, das wird dir draußen dein Vaterland! Du kennst die Schwächen deiner Familie und besprichst sie im Familienkreis. Aber niemals weihst du einen Außenstehenden ein und gibst ihm das Recht zu kritisieren. Wo gäbe es keine schmutzige, schadhafte Wäsche! Aber sie wird hinter Schloß und Riegel gewaschen und ausgebessert! So stelle dich dem Ausland gegenüber ein, wenn es sich um dein Vaterland handelt! Wir alle wissen, daß unsere innere Politik vor großen Umwälzungen steht, und schauen nach den Männern aus, die sie leiten werden. Aber wie ein Mann erhob sich das deutsche Volk, als der Ausländer Wilson sich erdreistete, uns dreinzureden. Welcher Japaner würde dir jemals gestatten, auch nur ein ungünstiges Wort über sein Japan zu sagen! Ich habe es oft mitanhören müssen, daß Deutsche dem Fremden die indiskretesten politischen Eingeständnisse machten. Da wurde es mir dann besonders klar: Hier draußen bin ich nicht so sehr ein Glied meiner Familie, sondern vielmehr ein Teil einer Nation, eines größeren Ganzen, das ich liebe und das ich respektiert wissen will.

Betrachte dich im Ausland als Gast und nicht als Herr, nicht nur deinen Standesgenossen gegenüber, sondern auch in deinem Verhältnis zu den Geringsten, und stelle dich zu deinem Gastvolk ein wie der Logiergast zu seinem Wirt. Es bedeutet nicht ein Aufgeben deiner Eigenart, wenn du dich seinen Gepflogenheiten anpassest, solange du unter seinem Dach weilst. Der Spanier pflegt daheim inmitten der Mahlzeiten zu rauchen. Wir haben nicht das Recht, darüber die Nase zu rümpfen, wohl aber, wenn er es auch an unserm Tische tut. — Bei Besuchen und Audienzen in China vermied ich es, mich ganz in Weiß zu kleiden, denn Weiß bedeutet den Chinesen Trauer und würde sie trübe stimmen. Auch Gelb würde ich nicht angelegt haben, da diese Farbe dort allein dem Kaiserhause gebührt.

Um ein fremdes Volk verstehen zu lernen, müssen wir seiner Entwicklung, seinem Werdegang Verständnis und

Interesse entgegenbringen, und dazu bedarf es der Einfühlung. Wie viele Mißverständnisse unseligster Art, politische, soziale und persönliche, könnten dessen eingedenk ungeboren bleiben! Belächle z. B. nicht die kleinen, abgebundenen Füße der Chinesin! Wisse, daß eine alte Tradition dieses Schönheitsideal beibehalten läßt, und daß wir in Europa nicht lange zu suchen brauchen nach ähnlichen Barbarismen. Ist die Wespentaille, die lange bei uns die Mode beherrschte, etwa kulturfreundlicher? Sie schnürt die inneren Organe ein und nicht nur das einzelne Glied, den Fuß. Verurteile die Sitten des Fremden nicht, ehe du sie geprüft hast! „An sich ist nichts gut oder böse, erst das Denken macht's dazu." Das englische Dienstmädchen, das dir den Eindruck von Gewandtheit und sicherer Ruhe macht, begrüßt dich nicht zuerst. Mißverstehe es nicht! Es gibt damit seiner Bescheidenheit Ausdruck. Es wagt nicht, dich anzureden, sondern wartet darauf, daß du das Wort ergreifst. Ebenso wie der englische Herr erst dem Gruß der Dame die Erlaubnis entnimmt, sie zu grüßen.

Sei dem Ausland gerecht, aber überschätze es nicht! Und gerade dazu scheinst du von der Natur eine Gabe mitbekommen zu haben. Wir sind allzusehr geneigt, alles Fremde kritiklos anzuerkennen, zum Spott des Ausländers, der uns deshalb ein eigenes Urteil nicht zugesteht. Eine französische Seide erscheint uns begehrenswerter als eine deutsche, bis es sich herausstellt, daß sie von Deutschland nach Frankreich exportiert wurde. Wir prüfen und wägen, ehe wir ein deutsches Kunstwerk kaufen. Aber welche Kunstdinge bringt der Deutsche aus dem Ausland mit! Schon die Auslandsherkunft prägt ihm den Gegenstand als Kunstwerk, nicht die Qualität. Und der Ausländer lacht und spricht dem Deutschen jedes Kunstverständnis, jeden Geschmack ab.

„Das ist nicht weit her" ist eine verurteilende Phrase, die uns allen geläufig ist. Sie ächtet unsere Heimat, sie leugnet es ab, daß sie Gutes hervorbringt. Wir wollen sie aus unserm Wortschatz ausmerzen, damit sie nie mehr einem Fremden zu Ohren komme! Sie mag in einer Zeit entstanden und angebracht gewesen sein, als wir noch zu andern Nationen aufzublicken hatten. Aber der sind wir entwachsen. Herz und Sinn sollen offen sein für alles Gute, das das Ausland bietet. Die schönen Rasenflächen in unsern Gärten und Parks, unser Sportwesen haben wir England entlehnt. England führte unsere Kindergärten ein. Die Anregungen gehen hinüber, herüber. Jede Nation bedarf ihrer zu ihrer Entwicklung. Wir dürfen es eingestehen, daß wir als Nation noch viel zu lernen haben. Welches Volk wäre fertig! Nicht der ist der beste Patriot, der sein Vaterland mit blindem Fanatismus liebt, sondern der, der es auch objektiv sieht. Denn nur das Eingestehen von Fehlern kann zu ihrer Ausmerzung führen.

Wie beweist du nun im Ausland am ehrlichsten, am kräftigsten deine Vaterlandsliebe? Indem du stets so handelst, so redest, daß du es vor deinem Vaterland verantworten kannst.

Wir alle, die wir lange im Ausland gelebt haben, sind besonders aufrichtige, inbrünstige Vaterlandsverehrer. Es erging uns wie dem Kinde, das erst durch die Trennung von Eltern und Geschwistern begreift, was diese ihm bedeuten. Seine Sehnsucht, sein Heimweh ist nichts anderes als die sich frei äußernde Liebe. — Ich weiß, daß es schönere, klügere Frauen gibt als meine Mutter; aber doch habe ich keine lieber. Wir lieben den Boden, der uns geboren, müssen ihn lieben, trotz seiner Fehler. Dieses Bewußtsein wird uns im Ausland erst deutlich, wenn wir das Neue, das Blendende, das uns das Ausland reizvoll macht, überwunden haben. Aber dann kommt es um so stärker zum Ausdruck.

Die deutsche Frau im Inland.

Von Grete Litzmann.

Wenn wir im Inland einen Menschen einen „deutschen Mann“ nennen, dann handelt es sich meistens um einen blonden Hünen, der unter der rauhen Schale äußerlicher Ungewandtheit das bekannte „goldene Herz“ verbirgt, dessen Wort ein Fels ist, auf den man bauen kann und der bei aller idealistischen Geistesrichtung die soliden Grundlagen des Lebens nicht verachtet. Wenn der Ausländer dagegen den Begriff „der deutsche Mann“ mit Anschauung füllt, dann sieht das Bild wesentlich anders aus, trotzdem im Grunde dieselben Einzelzüge, nur in vergröberter Form, wiederkehren. Die hochgewachsene Gestalt, die uns vorschwebt, erhält in der Phantasievorstellung des Ausländers eine fatale Rundung; die leise Ungewandtheit, die in unseren Augen nur der Ausdruck einer aufrechten Persönlichkeit ist, die alle äußerliche Gewohnheitshöflichkeit verachtet, wird zu bäurischer Plumpheit, und das gute Herz, dessen Vorzug für uns darin liegt, daß es überlegene Güte auch dort walten läßt, wo es die klugen Winkelzüge eines Schwächeren durchschaut, wird platte Dummheit. Das Gesamtbild, das durch diese vielleicht unbewußte Verzerrung entsteht, ist nichts weniger als erfreulich.

Genau der gleiche Prozeß vergröbernder Verzerrung vollzieht sich, wenn der Ausländer aus der Fülle seiner Einzelerfahrungen den Begriff „die deutsche Frau“ bildet. Der hochgewachsene, blonde Frauentypus, der uns dabei vorschwebt, wird verzerrt zu einer durch zahlreiche Nachkommenschaft und mangelnde Körperpflege in die Breite gegangenen Kolossalgermania. Die seelische Zartheit, Biegsamkeit und Reinheit, die bei uns durch das Wort „ein deutsches Mädchen“ gekennzeichnet ist, dem unser größter Dichter ein Ehrendenkmal in der Weltliteratur schuf, wird in dem Maße verwässert, versüßlicht, wie die Gounodsche Oper „Faust und Margarete" eine Karikatur der Goetheschen Dichtung ist.

Daß dies so war, haben wir im Grunde immer gewußt; welche praktischen Folgen aber diese seltsame Umbildung unseres menschlichen Nationaltypus durch die karikierende Phantasie des Ausländers haben konnte, das hat uns erst der Krieg gezeigt, in dem die ursprünglich noch gutgläubige Verkennung unserer Wesensart der Boden wurde, auf dem bewußte Fälschung üppig wuchernde Giftpflanzen ziehen konnte.

Unsere Männer haben in diesen 40 Monaten, in denen sie, in alle Himmelsrichtungen verstreut, in besetztem Feindesland leben, Gelegenheit gehabt, deutsche Mannesart in Millionen von Beispielen dem Ausland vor Augen zu führen. Unsere Jünglinge von Langemark, unsere Sieger von Lüttich, Antwerpen, von Warschau, Bukarest, von Riga und Görz, unsere Emden- und Seeadlerkapitäne, unsere U-Bootführer und -Mannschaften haben wohl für alle Zeiten die Vorstellung von dem schwerbeweglichen, töricht gutmütigen deutschen Manne zerstört. Dieser Krieg, der äußerliche Masken zerschlägt und das innerste Wesen der Menschen hervorglüht, hat gezeigt, daß das wahre deutsche Gesicht noch immer die Züge von Dürers „Ritter, Tod und Teufel" trägt.

Wer aber baut das wahre Bild der deutschen Frau auf, wie sie ihrem innersten Kern nach ist? Wer zwingt nicht nur die wohlwollenden Stammesgenossen, sondern eine ganze, übelwollende Welt zur Erkenntnis dieses wahren Gesichtes? Unsere Kriegsarbeit ist nicht geeignet, den Weg zu diesem Ziel zu weisen; in einem hermetisch abgeschlossenen Staat geht sie vor sich und zwingt zudem einen großen Teil unserer Frauen zu Betätigungen und Lebensführungen, die ihrem innersten Wesen nicht entsprechen. Nein, um das verzerrte Bild der deutschen Frau zu ersetzen durch ein wahres, bedarf es der Selbsthilfe, bewußter, klarer, fest zugreifender Selbsthilfe, und diese will der Auslandsbund Deutscher Frauen bringen, — bringen, um sein Teil mitzuarbeiten an der Wiederverständigung oder besser Neuverständigung zwischen den Völkern nach dem Friedensschluß. Dazu aber ist vor allem erforderlich, daß wir zunächst einmal zu Haus bei uns selbst ins Klare kommen über das, was unseres nationalen Wesens tiefster Kern eigentlich ist. Wir müssen versuchen, aus dem Negativen „was haben die Frauen anderer Völker vor uns voraus?“ zu dem Positiven „was haben wir vor den Ausländerinnen voraus?“ vorzudringen. Und aus der so gefundenen Grundlage tatsächlicher Gegebenheiten möge es uns dann vergönnt sein, ein Ideal heraus zu kristallisieren, das für unser Streben ein Ziel und für die Phantasie der Fremden ein faßbares, konkretes Bild gibt, mit dem der Begriff „die deutsche Frau“ neu erfüllt werden kann.

Es existiert eine boshafte Charakteristik der europäischen Frau in Form von Antworten auf die Frage: wie verhält sie sich, wenn sie erfährt, daß der Geliebte untreu ist? „Die Französin“, heißt es, „sucht sich einen anderen; die Engländerin verklagt ihn beim Richter, die Spanierin sticht sich tot, die Italienerin ihn, und die Deutsche geht hin und betet, daß er glücklich wird!“ So schematisierend diese Charakteristik ist, ein Körnchen Wahrheit steckt darin. Aber auch hier ist es der Ton, der die Musik macht, der Ton, der bei der Charakterisierung der Deutschen nicht etwa auf Anerkennung ihrer ethisch einwandfreien Haltung gestimmt ist, sondern auf ironische Verspottung ihrer hoffnungslosen Sentimentalität.

Was aber ist Sentimentalität? Der Begriff ist nicht ganz leicht zu definieren. Sentimental läßt sich wiedergeben mit gefühlvoll. Sentimentalität aber als Charaktereigenschaft gebraucht, bedeutet nicht nur Gefühlsseligkeit, sondern es kommt eine Beimischung von mangelndem Selbstbewußtsein, von Würdelosigkeit hinzu. Der sentimentale Mensch reagiert auf Einwirkungen von außen mit ungehemmtem Gefühl. Weder das Bewußtsein persönlichen Wertes, noch die Erkenntnis der Verständnislosigkeit der Gegenseite, noch praktische Erwägungen von der Unzweckmäßigkeit vermögen den sentimentalen Menschen an seiner Gefühlsreaktion zu verhindern; innerhalb der drei seelischen Vermögen des Menschen: dem Denken, Fühlen, Wollen, hat bei ihm das Fühlen eine völlig ungehemmte Führerrolle. Diese Erscheinung findet sich ja nun auch bei anderen Volkscharakteren. Der Südländer ist im allgemeinen vielleicht mehr noch als der Deutsche geneigt, das Gefühl und nicht den Verstand regieren zu lassen, ohne daß man deshalb der im Affekt handelnden Italienerin Sentimentalität nachsagen würde. Es kommt in unserem deutschen Volkscharakter eben noch eine eigentümliche Veranlagung hinzu, die man nicht anders bezeichnen kann als ethische Begabung. Ob diese Veranlagung ein freies Gottesgeschenk ist, ob sie im Lauf der Jahrhunderte durch immer tieferes Erfassen des Christentums oder durch das Studium unserer großen ethischen Denker und Dichter erworben, und, durch die Kanäle unserer Volksschulen den breitesten Volksschichten zugeführt, zur selbstverständlichen Lebensgrundlage geworden ist, mag dahingestellt bleiben. Tatsache ist wohl nur, daß in dem deutschen Volkscharakter die ethische Orientierung, d. h. die Anerkennung einer Pflicht zum Guten, tiefer wurzelt als bei den meisten anderen Völkern, wenn auch die Erfüllung dieses allgemein anerkannten Ideals bei der bekannten menschlichen Gebrechlichkeit im allgemeinen bei uns wohl ebenso viel zu wünschen übrig läßt wie bei den anderen. Diese ethische Orientierung in bezug auf unsere Willensrichtung und dies Überwiegen der Gefühlskräfte aber ergeben zusammen das, was man mit Recht „deutsche Sentimentalität“ nennt. Der Mensch, der einem Angreifer anstatt mit der geballten Faust mit Sanftmut entgegentritt und dies im Vollbewußtsein seiner ethischen Überlegenheit tut, handelt mit der Würde, die die Haltung aller großen Religionsstifter kennzeichnet, die weltliche Macht verachteten. Wer aber bei solcher Stellungnahme gegen die Außenwelt diese Würde vergißt, die aus dem klaren Selbstbewußtsein, ethisch zu handeln, erwächst, wer ohne Selbstbesinnung, ohne klares Wählen und Entscheiden, in blinder Hingabe an ein überquellendes Gefühl sich verliert, der handelt würdelos. Das aber ist ein Grundfehler der Deutschen, der Güte mit Gefühlsseligkeit verwechselt. Die deutsche Frau insbesondere begeht in ihrer gesamten Einstellung, ohne es selbst zu wissen, immer wieder den einen großen Fehler, zu glauben, daß gute und schöne Gefühle an sich schon einen Wert haben, während doch nur das in bewußten Willen umgesetzte Gefühl einen subjektiven und der in die Tat umgesetzte Wille einen objektiven Wert hat. Wo immer wir hineingreifen in das Leben der deutschen Frau, werden wir diesem psychischen Phänomen als letzter Ursache begegnen.

Nehmen wir das Gefühl der Mütterlichkeit. Mit Recht wird an der deutschen Frau die Mütterlichkeit gerühmt. Auch Ausländerinnen (die Russin z. B.) haben dieses ganz nahe, ganz unmittelbare Verhältnis zu ihren Kindern, aber dort scheint es tiefer im Animalischen verankert. Die russische Mutter liebt ihr Kind bedingungslos, genau wie die deutsche; sie ersehnt und erhofft für sie alle Segnungen des Himmels und der Erde, genau wie die deutsche. Die Liebe der deutschen Mutter aber ist trotz aller instinktiven Hingabe unbewußt ethisch verankert; sie will in erster Linie, daß der Sohn ein tüchtiger Mann, die Tochter eine gute Frau werde — das Glück kommt ihr erst in zweiter Linie. Diese Einstellung geht oft so weit, daß dieser Erziehungsidealismus das Kind in schwere Konflikte bringt, wenn es zum erstenmal mit dem wirklichen Leben in Berührung kommt, z. B. beim Eintritt in die Schule. Das Kind macht da zum erstenmal die Erfahrung, daß der mütterliche Idealismus: „Bravheit und Güte findet immer seinen Lohn“ in die Brüche geht; es erlebt, daß Bravheit ohne Güte, d. h. mit kluger Benutzung gegebener oder gesuchter Vorteile, weiter bringt als Güte. Und diese Erfahrung wiederholt sich so oft, daß ein früher Skeptizismus die Frucht der sentimentalen Erziehung wird. Und wo diese Wirkung nicht eintritt, da trägt der weltfremde Idealismus der Mutter, der da glaubt, vor soviel Tüchtigkeit und Güte, wie sie in ihrem Kind erzog, wird die böse Welt ihre natürlichen Kampfmittel zur Seite stellen, die Schuld an dem grenzenlosen Mißverstehen, das der gutgläubige, ethisch orientierte, aber deshalb nicht auf weltlichen Erfolg verzichtende Deutsche im Ausland erntete. Die deutsche Mutter darf es sich in Zukunft nicht mehr so leicht machen, zu glauben, sie hätte ihre Pflicht erfüllt, wenn sie Tüchtigkeit und Güte predigt und es dann dem Sohne überläßt, dies ethische Ideal mit dem praktischen Leben in irgendeinen Einklang zu bringen. Nein, erst in dieser Synthese von Ideal und Wirklichkeit, die an jedem Tage, bei jeder Handlung neu gefunden, neu erkämpft werden muß, liegt die Schwierigkeit des menschlichen Lebens, und nur die Mutter ist ihren Kindern eine wirkliche Erzieherin, die ihnen diese Schwierigkeit nicht in hochgespanntem Idealismus verhehlte, sondern klar vor Augen stellte, die sie lehrte, daß mit ethischen Forderungen belastet der Lebenskampf ungleich schwerer zu führen ist als nur nach praktischem Erfolg orientiert, und die den Willen bildete, trotz dieser Belastung die ethische Grundlage nicht aufzugeben. Solche Mütter erziehen Männer und Frauen, die nicht mehr in sentimentale Klagen ausbrechen, wenn das nach anderen sittlichen Normen handelnde Ausland sie nicht versteht, sondern die aus dem Gefühl ihrer sittlichen Würde heraus zu handeln und zu schweigen wissen.

Nehmen wir als zweites Beispiel das Verhältnis der deutschen Frau zum Mann. Die in den Literaturen aller Völker wiederkehrende, landläufige Vorstellung von der Frau als Inbegriff der Flatterhaftigkeit, Unbeständigkeit, Verantwortungslosigkeit trifft für die deutsche Frau einfach nicht zu. Gewiß, auch unser deutsches junges Mädchen „flirtet" nach ausländischem Vorbild; aber ist sie einmal eines ehrenhaften Mannes Frau, dann lebt sie für diesen Mann, für sein Haus, für seine und ihre Kinder. Flatterhaftigkeit, Unbeständigkeit, Untreue findet sich im allgemeinen in deutschen Ehen nur da, wo Gleichgültigkeit, wo Verständnislosigkeit, Unrecht von seiten des Mannes ihm die Frau entfremdete. Nein, der Fehler der deutschen Frau in ihrem Verhältnis zum Manne liegt vielmehr auf entgegengesetztem Gebiet, auf der ihr selbst nicht klar zum Bewußtsein kommenden Vorstellung, daß schöne Gefühle allein — also Liebe, Treue, Hingabe als Gefühl empfunden — genügen, um ein dauerndes Verstehen, ein reibungsloses Zusammenleben zu ermöglichen. Das aber ist der große Irrtum, der die deutsche Frau — sagen wir es ehrlich heraus — im allgemeinen reizloser erscheinen läßt als etwa die Französin, die Amerikanerin, die mit einer ungeheuren Intensität bemüht sind, innere Gaben in äußeren Reiz umzusetzen, sei es auf geistigem, sei es auf körperlichem Gebiet. Gefühl, Temperament ist immer nur der Motor, der Denken und Handeln beflügelt. Gefühl als Selbstzweck gilt ihnen als langweilig, als deutsch! Und das nicht mit Unrecht; denn das Gefühl genügt für die Bewältigung des realen Lebens nicht und der gute Wille allein auch nicht. Und unseres großen Denkers wunderschönes Wort: „Es ist innerhalb der ganzen Welt und außerhalb nichts Gutes zu denken möglich als einzig und allein der gute Wille“ hat nicht gefühlsmäßigen Trieb, sondern den zu bestem Wollen geläuterten Willen vor Augen und bedeutet eine kategorische Forderung zu Erkenntnis, Selbstzucht, Bewältigung der gestellten Lebensaufgabe unter vollster Ausnutzung aller dem Menschen gegebenen Seelenvermögen, deren vornehmstes, ihn vom Tier unterscheidendes eben das Denken ist — nicht das triebhafte Gefühl. Die Frau aber, die denkt, nicht nur im Hörsaal der Universität oder vor ihrem Haushaltabrechnungsbuch, sondern gewohnheitsmäßig bei allen Vorgängen, deren Zeuge, bei allen Handlungen, deren Urheber sie ist, wird sehr schnell erkennen, daß das Leben kein bequemes, gefühlsmäßiges Hingleiten ist, sondern ein fortwährendes Abwägen zwischen dem ideal geforderten und real möglichen, zwischen den Forderungen des Alltags und denen des sittlichen Gesetzes in der eigenen Seele. Den Gott in der eigenen Brust nicht verraten und dem Kaiser — in diesem Fall der realen Außenwelt — geben, was des Kaisers ist, das ist die Aufgabe, deren Erfüllung der idealistischen deutschen Frau so schwer fällt, weil sie die Konzession an die Außenwelt als einen Verrat an ihrem Innern ansieht. Und die furchtbare Selbsttäuschung, in der die deutsche Frau im allgemeinen lebt, weil sie aus der umfriedeten Geborgenheit heraus, die der deutsche Mann trotz aller Realpolitik seiner Familie zu erhalten weiß, Welt und Dinge verkehrt sieht, die naive Vorstellung, daß dieselbe liebevolle Toleranz, die die nähere und weitere Familie, der enge Kreis von Menschen, der sie von Jugend auf kennt und der über den in jahrelangem Zusammenleben sich bewährten inneren Vorzügen die seltsamen, oft komischen Äußerlichkeiten übersieht, daß die liebevolle Toleranz dieser friedlichen Umgebung ihr auch beim Heraustreten in weitere Öffentlichkeit erhalten bleibt, ist der Grund für die mangelnde Haltung, für die — an der Ausländerin gemessen — oft unerfreuliche Erscheinung der deutschen Frau. Eingehüllt in das Bewußtsein ihres inneren Wertes wie in ein magisches Gewand geht sie unter souveräner Verachtung der äußeren Werte einher und glaubt das Gleichgewicht hergestellt zu haben, wenn sie jede glänzende, ja auch nur gepflegte in- oder ausländische Erscheinung abtut mit der geringschätzigen Bemerkung: „Wer so viel Zeit, Kraft und Geld auf Äußerlichkeiten verschwendet, wird für Innerliches nicht viel übrig haben!“ Ja, aber auch das Innerliche hat für die Umwelt — und zur Umwelt gehören schließlich auch die Allernächsten, gehören Mann und Kind, nächster Freund und Nachbar — nur Wert, wenn es irgendwie sich in unsere Erscheinung umsetzt. Nur den wenigsten ist es gegeben, ihre Innerlichkeit durch ein Werk zu manifestieren. Die weitaus größte Zahl der

Menschen ist darauf angewiesen, sie durch ihre Persönlichkeit zu beweisen, und zu dieser Persönlichkeit gehört das Äußere so gut wie das Innere; ja, das Äußere ist der Ausdruck des Inneren, der dem, der in der lebendigen Erscheinung zu lesen versteht, tiefere Aufschlüsse gewährt als viele auch aufrichtige Selbstbekenntnisse.

Die sentimentale Überschätzung der verborgenen inneren, nicht in Erscheinung umgesetzten Eigenschaften beeinflußt also auch die gesamte Stellung der deutschen Frau zur Außenwelt; denn sie hindert uns geradezu unserer äußeren Erscheinung so viel Wert beizumessen, daß wir das jeweilige Niveau von Ausländern erreichen. Ich komme hiermit auf das gefährliche Thema der Mode, der, gleich Helena, „vielbewunderten und vielgescholtenen".

Der Sinn der Mode liegt in ihrer phantasieanregenden Kraft, die auf dem psychologischen Gesetz des Kontrastes, der Abwechselung beruht. Der Psychologe Elsenhaus sagt darüber: „Das Bewußtsein der Seele ist bedingt durch Veränderung, Mannigfaltigkeit und Gegensatz. Bei gleichmäßig fortdauernder Einwirkung eines einfachen Eindrucks nimmt das Bewußtsein ab, und es tritt, wenn alle mannigfachen, störenden Eindrücke ferngehalten werden, Schlaf und Bewußtlosigkeit ein."

Jeder von uns kann die Richtigkeit dieses Gesetzes ohne Mühe nachprüfen. Man erinnere sich nur an Bewohner kleiner Städte, einsamer Landhäuser, die genötigt sind, immer in derselben Umgebung, Tag aus Tag ein mit denselben Eindrücken zu leben; wie müde, abgestumpft, unbeweglich erscheinen sie, auch dann, wenn diese Eindrücke an sich durchaus wohltuend, vielleicht schön sind.

Kontrast und Abwechselung ist das, was den menschlichen Geist spannkräftig, jung erhält. Die Mode hat daher im psychischen Leben der Kulturvölker die wichtige Aufgabe, durch steten Wechsel der Eindrücke geistige Kraft und Gesundheit zu fördern.

Die reichsdeutsche Frau will das im allgemeinen nicht zugeben. Sie fügt sich seufzend dem Modezwang, findet ihn lästig, kostspielig, und wenn sie ganz idealistisch ist, ihrer nicht würdig. Sie sieht, nach Schopenhauers misogyner Anschauung, darin ein verwerfliches Mittel des Weibchens, den Mann anzulocken; und die Folge ist ein gedankenloses, unlustiges Kopieren der Formen, die im Ausland das Ergebnis einer sprühenden Lebenskraft waren, einer Lebenskraft, die in schöpferischer Tat sich eine Ausdrucksform schuf für ihre festgegründete Eigenart. Der Erfolg davon ist, daß — allgemein gesprochen, es gibt überall Ausnahmen — eigentlich keine reichsdeutsche Frau sich wirklich ihrer Wesensart entsprechend kleidet. Die, welche ausländische Modelle trägt, zieht deshalb — glücklicherweise möchte man sagen — ausländische Wesensart nicht an, die eben in diesen Modellen sich eine adäquate Ausdrucksform schuf. (Unter den kapriziösen, fast frivolen schwarzen Tülltoiletten, die der Kriegswinter 1915/16 uns bescherte, schlug das ernste, verantwortungsbewußte, für soziale und charitative Arbeit interessierte deutsche Frauenherz.) Diejenige, die in abgeblaßten, verwässerten Kopien ausländischer Modelle sich kleidet, würde es mit Recht ablehnen, deshalb als unentschiedener, die goldene Mittelmäßigkeit bevorzugender Charakter angesehen zu werden; und gar die, die mit gewisser selbstgefälliger Betonung die Mode von gestern trägt, ist in den allermeisten Fällen in rein geistiger Beziehung die fortgeschrittenste. Die äußere Erscheinung als der Ausdruck des Innern ist ein Ideal, dem wir so fern wie möglich sind, in dem die Ausländerin fast aller Nationalitäten uns überlegen war. Und wenn das, was da von Innerlichem in Erscheinung umgesetzt wird, vielleicht durchaus nicht neben unserer Innerlichkeit bestehen kann, die Fähigkeit überhaupt, innere Eigenart unmißverständlich in äußere Erscheinung umzusetzen, wie die englische Sport- und Reise- und die französische Geselligkeitsgewohnheit das vermochte, ist etwas, das wir nicht unterschätzen dürfen und das wir, da es uns nicht angeboren ist, uns erringen müssen. Genau wie beim typisch-deutschen Künstler der inhaltlichen Fülle des zu Sagenden fast nie die adäquate Formbegabung gegenübersteht, sondern wie erst durch Selbstzucht errungen werden muß, was dem Romanen im allgemeinen angeboren ist, gerade so muß auch die deutsche Frau bewußt erstreben und erreichen, für ihr inneres Wesen einen Ausdruck in ihrer Erscheinung zu schaffen durch jene Selbstzucht, die das Erreichte immer wieder an den besten Vorbildern mißt und ihre Ansprüche so hoch wie eben möglich stellt. Ansprüche so hoch wie irgend möglich stellen heißt aber auf dem Gebiet der Mode nicht etwa Luxus treiben, sondern — innerhalb der von der Natur gegebenen Grenzen — so schön, so reizvoll wie irgend möglich zu erscheinen. Da aber schafft wieder die ethisch-sentimentale Gemütsart der deutschen Frau Schwierigkeiten. Es ist nicht möglich, das, was die Natur an individuellem Reiz gegeben hat, zu erkennen, geschweige denn herauszustellen, zu unterstreichen, ohne eingehende Beschäftigung mit der eigenen Erscheinung. Das aber gilt uns schlechthin für Eitelkeit, Selbstgenuß. Wir vergessen dabei vollständig, daß Selbstbeobachtung noch nicht Selbstbewunderung ist. Aufrichtige Selbsterkenntnis auch der äußeren Erscheinung auf Grund genauester Selbstbeobachtung ist ethisch einwandfreier als Selbstbetrug auf Grund von mangelnder Beobachtung. (Es zeugt letzten Endes doch mehr von eitler Selbsttäuschung, wenn die umfangreiche, kurzgliedrige Erscheinung in gedankenloser Nachahmung den mehr als fußfreien Glockenrock trägt, als wenn sie, durch eifriges Studium ihres Spiegelbildes belehrt, auf diese Mode verzichtete!) Kurzum, die genaue Kenntnis der äußeren von der Natur gegebenen individuellen Erscheinung und die Einsicht in das psychologische Gesetz von der Notwendigkeit der Abwechselung, des Kontrastes — das keine Ethik aus der Welt schaffen wird — sollte die Grundlage sein, auf der die deutsche Frau unter Anlehnung an die internationalen Grundtypen der Mode sich das herausbildet, was ihrer nationalen Eigenart entspricht, genau wie die

Nord- und Südamerikanerin, die Russin, die Schwedin und die Frauen anderer Nationen unter Benutzung der führenden Pariser Anregungen sich etwas durchaus Charakteristisches geschaffen haben. Notwendige Voraussetzung dazu ist nur, daß wir endlich aufhören, einen Wertunterschied zu machen zwischen innerem Sein und äußerer Erscheinung. Gleichberechtigt steht die Welt der Erscheinungen der Welt des Geistes gegenüber. Die Veredlung des Geistes, die jeder echte Deutsche als Aufgabe anerkennt, sollte endlich ergänzt werden durch die Erkenntnis der Pflicht zur Veredlung der Erscheinung.

Wenn ich zum Schluß diese Betrachtungen zusammenzufassen suche, komme ich zu folgendem Ergebnis: die deutsche Frau trägt mit Schuld an dem unklaren, widerspruchsvollen Bild, das der Ausländer von deutscher Wesensart hat und das so verhängnisvolle Folgen hervorbrachte; denn sie ist im allgemeinen die Hüterin eines weltfremden Idealismus geblieben und hat an der realpolitischen Wandlung, die unsere Männer in den letzten 40 Jahren durchgemacht haben, nicht teilgenommen. Sie kennt in den seltensten Fällen die Vermögens- und Einnahmeziffern ihres Mannes; sie weiß fast nie, daß 60 Prozent des ganzen Volkseinkommens durch ihre Hand gehen und daß sie damit eine ungeheure Macht in Händen hat, ihre Wünsche, ihren Geschmack, ihre ganze Lebensanschauung durchzusetzen. Und die Folge ist — trotz allen Frauenbewegungsfortschritten, trotz Hochschulstudium, Vereinsbetrieb und Wahlrechtsagitation einer verschwindenden Minderheit von Intellektuellen — ein erschreckender Mangel an Einfluß auf die gesamte deutsche Lebensführung, eine Lebensführung, die, dem fieberhaften Arbeits- und Erwerbseifer unserer Männer entsprechend, mehr und mehr sich veräußerlichte und die von dieser Lebensform unbefriedigten Besten unserer Frauen zwang, in leidenschaftlicher Hingabe an soziale Arbeit sich einen Ersatz für den mangelnden Inhalt ihres persönlichen Lebens zu suchen. Nicht einmal auf dem ureigensten Gebiet der Frau, im

Hause oder in der Geselligkeit, haben wir Frauen des neuen Deutschen Reiches bisher uns schöpferisch erwiesen, wie etwa die Engländerin, die wenigstens ihren Fünfuhrtee, die Französin, die ihre Abendempfänge, die Russin, die ihr Landhaussommerleben sich schuf. Wir deutschen Frauen müssen deshalb endlich begreifen, daß das Schicksal auch uns vor neue Aufgaben gestellt hat, weil unser Volk zu einem Weltvolk herangereift ist, und daß wir für uns nicht mehr familienhafte Duldsamkeit unserer Eigenbrödeleien erwarten dürfen. Wir müssen wissen, daß auch wir jetzt im klaren Licht der nicht gefühlsregierten Wirklichkeit vor der Kritik gleichgültiger, wenn nicht übelwollender Nationen zu bestehen haben. Wir müssen zu den uns angeborenen weiblichen Eigenschaften der Gefühlstiefe die allgemein menschlichen des klaren Denkens und bewußten Wollens hinzu erwerben und mit allen Kräften danach streben, für die harmonisch ausgebildete deutsche Menschlichkeit eine eindeutige Ausdrucksform in unserer äußeren Erscheinung, in unserer Lebensführung zu schaffen. Dann wird es uns im Lauf der Zeit gelingen, nicht nur den Respekt zu erringen, den deutsche Mannesarbeit schon vor dem Kriege sich erzwungen hatte, sondern vielleicht auch Neigung für deutsche Wesensart, die letzten Endes doch nur gehaßt werden konnte, weil sie nicht verstanden wurde.

Deutsche Frauen als Kulturträgerinnen im Ausland.

Von L. Niessen-Deiters.

Es mag auf den ersten Blick unzeitgemäß erscheinen, in einer Zeit, so bis zum Überlaufen angefüllt durch die Tat von heute, auch noch von den Ideen von morgen zu sprechen. Aber die Tat ist nun einmal das Kind der Idee: Kein Deutsches Reich ohne den jahrzehntelang genährten Reichsgedanken; kein deutsches Weltvolk ohne den bewußten Willen zum Weltvolk, und kein Anteil an der kulturellen Führung der Welt ohne die bewußte Kulturarbeit der ganzen Nation — einschließlich der Frauen!

Nicht, als ob deutsche Frauen nicht auch schon vor dem Kriege Kulturarbeit draußen in der Welt getan hätten. Es bedarf nur eines flüchtigen Blickes über die Summe geduldiger Kleinarbeit, die von deutschen Lehrerinnen, Ordensschwestern, Missionsangehörigen geleistet worden ist, über die Summe zähen Hausfrauenfleißes, die am Aufbau russischer, nordamerikanischer, südbrasilischer, südchilenischer Wüsteneien zu heute blühenden Provinzen geholfen hat, um in der Beziehung keine ungerechten Meinungen aufkommen zu lassen. Was aber dieser Arbeit bis zum Kriegsausbruch durchaus gemangelt hat, das war das zusammenfassende Band des bewußten nationalen Verantwortungs- und Zusammengehörigkeitsgefühls. All diese Arbeit litt unter ihrer planlosen Zersplitterung, entbehrte in ihrer Zersplitterung viel zu sehr der Stoßkraft, um bei Kriegsausbruch geschlossen in die Wagschale fallen zu können, sei es im politischen, sei es im kulturellen Sinne.

Kultur: das ist ja nun allerdings das zur Zeit am meisten mißbrauchte Wort. Es gibt nachgerade kaum etwas so Niedriges oder Unehrenhaftes, daß es nicht von einem unserer zahllosen Widersacher offiziell „im Kampfe für die Kultur“ verübt worden wäre. Das heißt, um korrekt zu sein: Sie sprechen meist nicht von Kultur; sie sprechen von Zivilisation und schieben das Wort Kultur mit einer gewissen höhnischen Geste dem deutschen Barbaren hin. Es wäre also zunächst eine Preisaufgabe, den Unterschied zwischen Kultur und Zivilisation festzustellen. Ich maße mir meinerseits kein endgültiges Urteil an. Aber einfach zurückgreifend auf die Ursprungsbegriffe der beiden Worte: *civis* = Bürger und *colere* = pflegen, scheint mir folgende Definition möglich: Die Zivilisation, die „Verbürgerlichung“ geht auf ihr Ziel los, indem sie den Einzelwillen durch den Einfluß einer Gesamtheit bändigt; die Kultur, die „Pflege“, indem sie den Einzelwillen von vornherein auf die Vervollkommnung einer Gesamtheit einstellt. Das erstere Verfahren hat — erfahrungsgemäß — die größere Fixigkeit, das letztere die größere Richtigkeit für sich. In diesem Sinne bin ich dafür, das uns zugeschobene Wort aufzugreifen, wie wir das Wort Barbaren aufgegriffen haben. Das eine ist längst ein Ruhmestitel geworden. Unsere so maßlos geschmähte, maßlos verunglimpfte Kultur aber wird die Zukunft für sich haben. Und dadurch unterscheidet sie sich allerdings wesentlich von der französischen und englischen Zivilisation, die beide ihren Höhepunkt: die Zeit ihres stärksten Einflusses auf die Menschheitsentwicklung, bereits überschritten haben. Für Deutschland dagegen beginnt jetzt erst die Morgendämmerung einer Zeit, in der die Entwicklung, die es im Innern durchgemacht hat, den gesamten Fremdvölkern tief und einschneidend ins Bewußtsein tritt, einer Zeit, in der selbst die haßverwirrtesten Gegner auf allen Gebieten — bewußt oder unbewußt — uns nachzuahmen beginnen. Nun aber unter tausend Schmerzen und Qualen, unter den unerhörtesten Opfern und Anstrengungen diese unsere Zeit heraufkommt, nun ist es aber auch notwendig, nicht nur drinnen, sondern auch draußen allen Schwierigkeiten zum Trotz bewußt das Unsrige zusammenzufassen, dem Unsrigen allenthalben bewußt den Stempel seiner Herkunft aufzudrücken — ein zweites „Made in Germany" mit einer viel tieferen, viel kühneren, viel weitertragenden Bedeutung! Es ist also nicht Kultur im allgemeinen Sinne, von der ich rede, sondern ich spreche von unserer eigenen, auf unserem Grund und Boden gewachsenen Kultur und von dem, was deutsche Frauen für ihre Pflege, Ausbreitung und zielbewußte Zusammenfassung in der Welt tun sollen. Denn das ist sicher: So sehr jede nationale Kultur zur Zeit ihres Werdens fremder Anregung bedarf, um nicht einseitig zu verknöchern, so sehr bedarf sie zur Zeit ihres Seins fremder Anerkennung, um fruchtbar zu werden. Und wenn auch die Tatsachen dieses Krieges im Laufe der Jahrhunderte mit ehernen Zungen reden werden: jetzt unmittelbar nach dem Kriege den zartern und innigern Werten unserer nationalen Kultur diese Anerkennung zu verschaffen, das wird in einer zu erwartenden Zeit schwerster Geschichtsfälschung noch sehr viel schwerer sein, als man sich bei uns im Lande überhaupt vorstellen kann. Nicht allein wegen des Haßgeheuls, das uns noch von allen Seiten umgibt, wegen der Beschimpfungen, die heute noch von allen Seiten auf uns herunterprasseln, sondern vielleicht mehr noch, weil unsere Kultur tatsächlich ihrem innersten Wesen nach spröde ist, voll schroffer Gegensätze und voll ernsthafter Schwere, die es manchen Völkern einfach auf Grund ihrer Rasseeigentümlichkeiten fast unmöglich macht, sich ohne weiteres in sie einzufühlen; weil ihr Bestes und Wertvollstes zwei Begriffe sind, die noch nie und nirgends die Anwartschaft auf große Volkstümlichkeiten gehabt haben, die Begriffe: Arbeit, Wesentlichkeit; weil selbst das Schlagwort, das dem französischen und englischen Kultureinfluß am meisten die Tore aufgetan hat, das Wort von der individuellen Freiheit im Deutschen einen anderen Klang annimmt. Denn tatsächlich ist unser halb kulturell, halb kriegerisch gefärbter Freiheitsbegriff ein anderer als der viel mehr politisch-egoistisch gefärbte Freiheitsbegriff des Engländers und Franzosen.

Vielleicht denkt in keinem anderen Lande der einzelne so eigenwillig wie bei uns, trotzdem sich vielleicht auch nirgendwo der einzelne, Freidenkende, so gutwillig einer Obrigkeit unterwirft. Vielleicht ist kein anderes Volk gleichzeitig so kraftvoll und so unpolitisch, so wehrhaft und so gutmütig — gutmütig-sentimental bis zu dem Grade, der ihm den blutigen Spott der Völker mit der „individuellen“ Freiheit eingetragen hat. Wenn nun aber auch schon unsere Art zu denken, unsere ganze Vorstellungswelt dem Fremden an sich nicht leicht zugängig ist, wieviel schwerer muß die Einfühlung sein, wenn sie ihm nun auch noch in einer für ihn unverdaulichen Form geboten wird! Wieviel schwerer, wenn — abgesehen von Haß und absichtlichem Mißverstehen einer halben Welt — der nach dem Krieg einsetzende verschärfte Wirtschaftskampf ihre Umrisse auch noch zu verwischen droht, wenn der einseitigen Vorstellung vom kriegerischen Deutschland die ebenso einseitige vom kaufmännischen Deutschland folgen würde!

Hier aber tut sich der Frau eine ernste und weitgreifende Aufgabe auf. Hier sollte für die Zeit unmittelbar nach dem Kriege eine Art Arbeitsteilung einsetzen. Unseren Männern, denen jetzt der Löwenanteil an der nationalen Verteidigung zufällt, wird nach Friedensschluß, trotz der ungeheuer vermehrten Frauenarbeit, zum mindesten in den Fremdländern auch der Löwenanteil des wirtschaftlichen Kampfes zufallen. Sache der Frauen sollte es dann sein, aus sich heraus den Löwenanteil an den kulturellen Aufgaben im zartern Sinne auf sich zu nehmen und sich beizeiten aller Schwierigkeiten in der Richtung rückhaltlos klarzumachen. Was uns überdies hier im wesentlichen gefehlt hat, wo wir unsere meisten Fehler gemacht haben, das waren meist mehr Fragen der Form als Fragen des Inhalts. Wo aber Vorwürfe in der Richtung erhoben werden können, treffen sie die Frauen einer Nation stärker als die Männer: es ist schließlich die Frau des Hauses, die den Ton, die Form anzugeben hat! Sie ist es also auch in erster Linie, die sich fragen muß, wo etwa Unkraut gejätet werden muß. Und es gibt einiges Unkraut, das immer noch lebt, obwohl es von Rechts wegen längst in einem Strom von Tinte ertrunken sein müßte — Unarten aus engern und kleinern Verhältnissen, gegen die man angehen muß, um positiverer Arbeit Aussicht auf Erfolg zu schaffen.

Die erste Unart ist das, was Bartsch einmal lächelnd unsern „Na-hörn-se-mal -Ton" nennt. Jene halb belehrende, halb schroff unfreundliche Art, die immer noch einige Kreise für eine Art notwendiges Attribut männlicher Überlegenheit zu halten scheinen. Wenn sie auch nicht die Ursache für die deutsche Mißbeliebtheit ist — die hat tiefere und vor allem klingendere Gründe! — so schadet sie der Anerkennung unserer Kultur mehr, als man von einer so dummen Äußerlichkeit annehmen sollte, einfach durch eine ewige Atmosphäre von Widerspruch und Mißbehagen, die sie erzeugt. Was hat es aber für einen Zweck, gewissermaßen Drahtverhaue vor sein besseres und tieferes Selbst zu ziehen? Man rühmt gerade unsern Generalstäblern und Marineleuten Liebenswürdigkeit und gute Formen nach — und denen werden doch wohl selbst die Feinde keinen Mangel an männlicher Überlegenheit zuschreiben!

Gewissermaßen den weiblichen Gegenpol zu dem mehr männlichen „Na-hörn-se-mal -Ton" bildet die zweite Unart: die würdelose Nachbeterei des Fremden, die beständig die Nachahmung einer anderartigen Kultur mit dem Verständnis für diese fremde Kultur verwechselt: eine Gedankenlosigkeit, die dann dazu führt, auch Dinge nachzuahmen, die weit unter der eignen Entwicklungslinie liegen. Ich meine, man vergibt sich durchaus nichts, wenn man ruhig zugibt, daß das Schwanken zwischen Auftrumpfen und unsicherm Nachahmen in allen Lebensverhältnissen eine typische Neulingserscheinung ist. Wir waren aber — vor dem Kriege — Neulinge auf dem Theater der großen Welt. Heute dagegen sind wir Weltvolk, und wir haben keine Ursache, aber auch keine Entschuldigung mehr für unsichere Manieren!

Als Drittes muß ein altes Erbübel genannt werden: der Kastengeist. Er ist schon im Lande herzlich lächerlich. Aber draußen muß er scharf bekämpft werden, denn er beeinträchtigt das im nationalen Sinne Wichtigere: die geschlossene Front dem Fremdlande gegenüber. Was namentlich uns Frauen draußen sehr viel mehr not tut als die Einschachtelung in Gott weiß was für Klassenvorurteile, das ist das sichere Abstandsgefühl dem Fremden gegenüber, das gelassene Sich-selbst-treu-bleiben auch in andersartiger Umgebung, das sich mehr auf bleibende und wesentliche Kulturunterschiede stützt als auf wechselnde und zufällige gesellschaftliche.

Was aber die positivern Kulturaufgaben angeht: da erscheint als Erstes und Wichtigstes die intensive Pflege unserer Sprache auf dem Plan; denn das ist ein Feld, das nach diesem Kriege ohne die verständnisinnige Mitarbeit der Mütter überhaupt nicht behauptet werden kann. Unsere Sprache hat nicht die Stütze alter Kolonialländer wie das Englische, das Spanische, sogar das Portugiesische, auch nicht die Stütze einer höfischen Sitte, wie sie dem Französischen so lange dienlich war. Was aber die Ausbreitung einer Sprache für die Ausbreitung ganzer Anschauungs- und Ideenkreise bedeutet, das kann man in diesem Kriege ja von Tag zu Tag schärfer beobachten. Nach dem Kriege wird das Deutsche überdies in vielen Ländern zweifellos der gehässigsten Unterdrückung ausgesetzt sein. Aber selbst in diesen Ländern kann eine Mutter mit ihren Kindern immer noch Deutsch sprechen! Die bewußte Pflege der deutschen Sprache — und das bedeutet nicht allein, sie zu sprechen, sondern sie mit Liebe gut zu sprechen! — ist der sicherste Weg zur Ausbreitung unserer Geisteskultur. Wir Frauen haben nun aber — bei Licht besehen — bisher sehr viel mehr für die Ausbreitung fremder Sprachen in Deutschland als für die Ausbreitung des Deutschen im

Auslande getan, ebenso wie wir fremde Kunst und fremde Wissenschaft bis zur törichten Übertreibung bei uns gehätschelt haben, ohne auch nur daran zu denken, uns nun auch in gleicher Weise draußen für unsere eignen Wissenschaftler, unsere eignen Künstler einzusetzen. Ohne das eine ausschalten zu wollen — denn man lernt dadurch — muß für das andere in Zukunft energisch die größere Aufmerksamkeit gefordert werden. Es sind praktisch gerade die Frauen, zum mindesten die wohlhabendern Frauen der zahlenmäßig größern Auslandskolonien, die sich am besten zu Schrittmachern für deutsche Literatur, deutsche Wissenschaft, deutsche Kunst und deutsches Kunstgewerbe eignen. Was aber die Kenntnis fremder Sprachen angeht, so wäre es äußerst nützlich, wenn wir sie mehr als bisher dazu verwenden wollten, den Ton und die Anwürfe der fremden Presse unserer nationalen Entwicklung gegenüber zu verfolgen. Nur durch den Angriff lernt man seine eigenen Fehler kennen. Und nur aus der Kenntnis dieser Anwürfe heraus kann man bewußt das praktische Gegenbeispiel aufstellen. — Endlich aber sollen deutsche Frauen begreifen, welch wichtige Rolle sie als Verbraucherinnen auch für die Entwicklung unserer materiellen Kultur spielen können, wenn sie — über die Torheit hinaus, selbst im Lande fremde Erzeugnisse zu bevorzugen — allenthalben draußen in der Welt deutsche Ware verlangen und deutsche Ware kaufen dürfen. Der Kaufmann ist in der ganzen Welt Kaufmann. Was man ihm abkauft, das führt er, und was er führt, das bürgert er ein. Ich möchte wissen, wieviele englische Artikel man nur deshalb bis in den letzten Erdenwinkel hinein findet, weil die Engländerin eben nur diesen Stoff, diesen Sportartikel kaufen würde!

Dreifach sind mithin die Möglichkeiten, innerhalb deren deutsche Frauen des In- und Auslandes, einzeln und organisiert, unserer nationalen Kultur die Wege ebnen können: einmal durch Bekämpfung störender Unarten auf unserer Seite, dann durch zielbewußte Pflege unsrer eignen geistigen und möglichste Förderung unsrer eignen materiellen Entwicklung, schließlich durch die praktische Widerlegung der maßlosen Verunglimpfung, der alle deutschen Kulturbestrebungen durch einen seit Jahrzehnten gehässig-deutschfeindlichen Nachrichtendienst ausgesetzt sind. Wo aber immer in der Welt deutsche Frauen in diesem Sinne wirken wollen: eines dürfen sie nie aus dem Auge verlieren. Man muß das besonders betonen, wenn man von der Notwendigkeit der bessern Form gesprochen hat. Sie dürfen nie die Form mit der Aufmachung verwechseln! Das wäre der verhängnisvollste Fehler, der gemacht werden könnte. Das Beste und Wertvollste, was wir aus unserer nationalen Eigenart der Weltkultur hinzuzufügen haben, das sind gerade die beiden Begriffe, die die Volkstümlichkeit unserer Entwicklungsart beeinträchtigen: es sind dies die Begriffe Arbeit und Wesentlichkeit. Das Wesentliche leidet nicht Schaden durch eine edle Form — im Gegenteil! Aber die Aufmachung fügt fremde und meist minderwertige Elemente zu minderwertigen Zwecken hinzu. In der Aufmachung sind uns einige Völker — und nicht zum wenigsten die Kinder Onkel Sams — um etliche Pferdelängen voraus: Wo immer in der Welt man sich für die arbeitsschwere Tiefe deutscher Kultur einsetzen wird, da werden einem nicht nur die alten Schlagworte vom französischen Esprit und der englischen Freiheit in die Ohren gellen, sondern die liebliche Zweckkultur Onkel Sams wird noch lauter die Trompete blasen auf die Melodie von Humanität, Demokratie — und wie die schönen Dinge alle heißen, die des bessern Eindrucks halber das Wort „Dollar" ersetzen müssen! Das darf uns dann weder verwirren noch einschüchtern. Mit unsers Herzens wärmster und aufrichtigster Überzeugung müssen und werden wir uns zu Trägern einer Entwicklungsart machen, der die Zukunft gehört, für die unsere Nation ihr edelstes Blut dahingibt. Und sollte die eine oder andere unserer Frauen — der scheinbaren Übermacht gegenüber — einmal zaghaft werden, so möge sie stärkend, aber auch mahnend, das Faustwort geleiten:

Wenn ihr's nicht fühlt, ihr werdet's nicht erjagen.
Wenn es nicht aus der Seele dringt
Und mit urkräftigem Behagen
Die Herzen aller Hörer zwingt.
Sitzt ihr nur immer! Leimt zusammen,
Braut ein Ragout aus andrer Schmaus
Und blast die kümmerlichen Flammen
Aus eurem Aschenhäufchen 'raus!
Bewunderung von Kindern und von Affen,
Wenn euch danach der Gaumen steht —
Doch werdet ihr nie Herz zu Herzen schaffen,
Wenn es euch nicht von Herzen geht!

Aufgaben der deutschen Frau in England.

Von Professor Arnold Schröer.

Auf die Frage, welcherlei Aufgaben die deutsche Frau in England und ebenso in Nordamerika habe, möchte ich am liebsten antworten: vor allem die, gar nicht hinzugehen oder dort zu bleiben, wenn sie nicht muß! Und zwar gilt dies für sie ebenso wie für den Mann, nur mit dem Unterschied, daß ihr die Wahl dazu meist weniger freisteht, denn sie muß ihrem Mann folgen, wohin ihn sein Beruf führt. Wie wenig Liebe sich unsre Auslandsdeutschen in den sogenannten „angelsächsischen“ Ländern erworben, das hat ja der Weltkrieg gezeigt; aber diese traurige Erfahrung beschränkt sich leider durchaus nicht auf diese Länder, wir können sie allenthalben beobachten. Unsern überraschten Augen hat der Weltkrieg eine so weit verbreitete Abneigung gegen uns offenbart, daß wir nach dem Kriege all unsre weitern, nicht ausschließlich geschäftlichen Beziehungen zum Auslande von der Beantwortung der Frage abhängig machen sollten: warum sind wir im Auslande so unbeliebt, wie es der Weltkrieg, ohne daß wir davon eine Ahnung hatten, gezeigt hat?

Ich glaube, die Abneigung ist vor allem ein Mißverstehen unsres Wesens und daher ein Mißtrauen. Wir sind „problematische Naturen“, auch als Nation betrachtet, während die meisten andern Kulturnationen deutlich erkennbare Charaktere, deutlich abgeschlossene Weltanschauungen — so borniert sie auch sein mögen — aufweisen, die dadurch, daß sie ihnen selbst selbstverständlich sind, allzeit und allerorten entscheidenden Einfluß auf ihr Tun und Lassen, ihr Fühlen und Denken ausüben. Daß wir in der Hinsicht anders sind, dies liegt an unsrer Geschichte, unsrer geographischen Lage und an der daraus folgenden ganz einzigartigen Mannigfaltigkeit unsrer Volksstämme und Gesellschaftsschichten. Eine deutsche Weltanschauung ist wohl der fromme Wunsch einzelner auf den Höhen des geistigen Lebens Wandelnder, aber worin diese besteht, darüber stimmen wohl auch nur wenige dieser einzelnen miteinander überein. Das klingt recht hart und entmutigend, es gehört aber eben zu den „Fehlern unsrer Tugenden". Die abgeschlossene und als Selbstverständlichkeit empfundene Weltanschauung der Engländer, der Franzosen u. a. m. ist durchaus durch eine Art Borniertheit bedingt und gewinnt gerade dadurch die Sicherheit des Selbstgefühls und der Selbstbehauptung, ja dazu eine gewaltige Anziehungskraft und Werbekraft für alle weniger selbstsichern Nationen. Wir hingegen entbehren durch die jedem deutschen Stamme seit den frühesten geschichtlich nachweisbaren Zeiten eigene Gründlichkeit, Tiefe und Innerlichkeit unsres Wesens gerade jene so erfolgreiche Borniertheit, aus der jenen ihre Selbstsicherheit erwächst. Wir streben hohen Idealen nach, die bekanntlich der Mensch infolge seiner menschlichen Unzulänglichkeit niemals ganz erreichen kann, und anstatt uns mit einem billigen Kompromiß zu begnügen, geraten wir in den nie zu beschwichtigenden innern Widerstreit zwischen Ideal und Wirklichkeit. Wir sind als Nation diejenige, die „immer strebend sich bemüht", daher unsere auch von unsern grimmigsten Feinden anerkannten Errungenschaften in Kunst und Wissenschaft; aber eben darum sind wir auch das Volk, das bei der Teilung der Erde zu spät gekommen ist. Das wollen wir aber doch nicht sein und sollen es auch nicht sein, und zwar nicht allein um unserselbstwillen nicht, sondern auch deshalb nicht, weil wir auf diese Weise mit andern Nationen niemals zu einem natürlichen und selbstverständlichen Verhältnis kommen können. Wir müssen ein für allemal grundsätzlich darüber einig sein, daß das menschliche Leben unerbittlich Kompromisse erheischt, und das heißt, auf unser nationales Leben angewandt, daß wir ebenso wie jede andere Nation einen selbstverständlichen nationalen Egoismus nicht nur haben, sondern auch ungescheut zeigen müssen; nicht als eine plötzliche, neue, erst seit 1871 fällige Forderung, sondern eben als eine Selbstverständlichkeit, die man gar nicht erst zu erörtern hat, sondern deren Vorhandensein jedes andere Volk ebenfalls stillschweigend für selbstverständlich hält. Dadurch, daß wir uns seit jeher unseres nationalen Egoismus nach Möglichkeit zu entäußern suchten, dabei aber doch ab und zu unsre wohlberechtigten Ansprüche geltend machten, machte dies auf das Ausland einen höchst beunruhigenden Eindruck. Wir suchten im Verkehr mit Ausländern ihrem Wesen oft in so weitgehendem Maße gerecht zu werden und das unsere unterzuordnen, daß der Ausländer diese Unterordnung als etwas längst Gewohntes und daher Selbstverständliches gerne hinnahm; brach dann bei uns doch die berechtigte Eigenart hie und da durch, da wurde der Ausländer stutzig und, was das Schlimmste ist, mißtrauisch. Dieses Mißtrauen wurde zu heilloser Angst und geschlossener Gegnerschaft, wenn der Deutsche, aus einem Extrem ins andere geratend, auf einmal aus der bisherigen Rolle fiel und die stolze Behauptung seiner Eigenart und Existenzberechtigung wie eine erst jetzt bei zunehmender Macht zeitgemäße Forderung geltend machte, wie eine Forderung, die alle bisher bestehenden Verhältnisse zu bedrohen schien, weil man mit ihr bisher gar nicht gerechnet hatte. Während unser Volk, abgesehen von einigen Schreiern, die bei uns niemand ernst nahm, nicht im entferntesten daran dachte, unser Machtbereich auf Kosten oder zum Schaden anderer zu erweitern, ja weil wir uns beinahe zu entschuldigen schienen, daß wir überhaupt auf der Welt wären, und besonders weil unsre Auslandsdeutschen in den meisten Fällen nach wie vor der Selbstverständlichkeit ihrer nationalen Selbstbehauptung entbehrten, deshalb schienen wir den Ausländern plötzlich gefährlicher als irgendwelche offenen Gegner oder Rivalen, wir erschienen ihnen als Leute, die sich in ihre Gunst und ihr Vertrauen schleichen wollten, um gegebenenfalls bei günstiger Gelegenheit die Arglosen zu überfallen. Jene Auslandsdeutschen, die sich ihrer nationalen Würde ganz und gar begaben und mit Leib und Seele unter Engländern, Franzosen usw. nur Engländer, Franzosen usw. sein wollten, erwarben uns deren geringschätzige Duldung; aber die übrigen, die noch halbwegs sich als Deutsche bekannten, deren doppelt gemessenes Mißtrauen. Welche Folgerungen haben daher diejenigen Deutschen, die etwa nach dem Kriege trotz aller bösen Erfahrungen in England, Frankreich usw. sich niederlassen wollen, aus diesen Erfahrungen zu ziehen, insbesondere, welche Rolle fällt dabei den deutschen Frauen zu?

Ich glaube die Antwort kann nur die sein: sie müssen ihr deutsches Nationalgefühl, ebenso wie jedes andere Volk, als eine unauffällige aber unverhohlene Selbstverständlichkeit pflegen.

Eine an einen deutschen Offizier verheiratete Engländerin, deren Mann an der Front steht und die mit ihren Kindern in ihrer deutschen Adoptivheimat geblieben ist, erzählte mir, daß ihr kleiner Junge, als sie unter dem Drucke der veränderten Verhältnisse mit ihm Deutsch sprach, sie verschüchtert fragte: „Mama, bist du denn böse auf mich?“ Diese Anekdote, die den Vorzug hat, nicht erfunden zu sein, ist höchst bezeichnend. Für die englische Mutter ist die Sprache des Herzens eben nur ihre englische Muttersprache. Und da die Sprache im Hause der Ausdruck der intimsten und eindrucksvollsten Gemütswerte ist, ist sie auch der Ausgangspunkt für das selbstverständliche, natürliche Nationalgefühl. Unser Nationalgefühl sollte eben nicht nur in der Heimat, sondern im Auslande erst recht etwas sein, das wir nicht erst aus theoretischen Erwägungen und von außen her eingeschärftem Pflichtgefühl hoch halten und je nach der jeweiligen Situation mehr oder weniger laut in der Öffentlichkeit betonen, sondern es sollte uns etwas so Natürliches sein, daß wir uns seines Vorhandenseins gar nicht besonders bewußt sind, sondern daß wir vielmehr gar nicht anders können, als national empfinden. Bei unsern verhängnisvollen internationalen Neigungen sind wir in Gefahr, wenn wir uns endlich einmal zu nationalem Empfinden emporgearbeitet haben, dieses ganz unnötigerweise zu betonen, wo dieses Betonen für andere verletzend oder störend wirkt. Kein Ausländer verlangt von uns, daß wir anders sein sollen als er, d. h. daß wir für uns nicht ebenso lebhaft national empfinden wie er; aber er verlangt mit Recht, daß wir darüber nicht erst viele Worte verlieren. Diese unsere Rückständigkeit, die vielfach geradezu etwas Emporkömmlingsartiges hat, ist ja freilich aus unsrer Geschichte, aus der so späten oder noch so jungen Einigung des deutschen Volkes zu erklären, aber sie muß grundsätzlich und energisch auf der ganzen Linie bekämpft werden. Es ist das gewiß nicht leicht und auch nicht von heute auf morgen zu erreichen; denn diese Rückständigkeit an natürlichem nationalen Empfinden ist gerade dort noch am größten, wovon unsere kulturelle Weiterentwicklung vor allem ausgehen sollte: in unserem niederern, höheren und höchsten Schulwesen. All unsere in steter Unruhe und Reformierungswut befindlichen Unterrichtsverhältnisse und Wettbewerbe der verschiedenen Lehranstalten und Lehrsysteme kranken an dem Hauptübel der stiefmütterlichen und unnatürlichen Pflege des Nationalen. Ob Gymnasium oder Realschule oder Lyzeum oder was immer, ob Latein und Griechisch oder Mathematik und Naturwissenschaften oder Englisch und Französisch: all das würde sich ganz von selbst und ohne störenden Widerstreit in natürliche, gesunde Bahnen lenken lassen, wenn die Heimatskunde, d. h. deutsche Sprache und deutsche Kultur in all ihren unser Leben beherrschenden Äußerungen, der natürliche und selbstverständliche Ausgangspunkt, Mittelpunkt und das Endziel unseres elementaren, mittleren, höheren und höchsten Schulunterrichts wäre. Dies ist ein großes Kapitel, auf das ich hier nur im allgemeinen hinweisen kann, aber es muß darauf im Zusammenhange der Frage, welche Aufgaben die deutsche Frau im Auslande habe, hingewiesen werden, denn eine leider noch nicht allgemein vorhandene deutsche Weltanschauung müßte ihr erst die Möglichkeit bieten, als deutsche Frau zu wirken.

Wenn darüber nun aber auch alle Einsichtigen einer Meinung wären und es denkbar wäre, eine solche deutsche Weltanschauung in absehbarer Zeit unserem Volke einzuflößen, was kann die deutsche Frau im Auslande — und im Inlande — inzwischen tun und helfen? Da muß man sich zuerst darüber klar sein, daß von der Familie aus zur Gesellschaft und von dieser aus zur Nation auszugehen ist. Unsere fortschreitende Kultur hat in das Verhältnis von Mann und Weib mannigfache Verwirrung gebracht; immer wieder muß die Kultur in unser aller Lehrmeisterin, der Natur, ihr Regulativ finden. Niemals werden die Männer die Kinder gebären und die Frauen die Rettung der Familie gegen wilde Tiere und Feinde zu bewerkstelligen haben. Es gibt gewiß bei fortschreitender Kultur auch für die Frau wichtige, ja unerläßliche Aufgaben im öffentlichen Leben; und es hat solche wenigstens bei den ob ihrer Frauenverehrung von den Römern bewunderten Germanen auch schon in ihren primitivern Entwicklungsstufen gegeben. Aber solange es Menschen geben wird, wird das Schillersche „Der Mann muß hinaus ins feindliche Leben" seine Geltung haben, während im Hause die züchtige Hausfrau waltet, die Mädchen lehrt und den Knaben wehrt, d. h. eine der allerwichtigsten Funktionen ausübt: die Zucht und Erziehung der jungen Generation. Sobald man von diesem Grundsatze abweicht, gerät man auf eine schiefe Ebene, und der Hauptfehler liegt in der törichten Problemstellung, wer von beiden, der Mann oder die Frau, der bessere, stärkere, wichtigere und daher maßgebende Teil sein solle. Sobald man sich auf den höchsten ethischen Standpunkt stellt, den unsere Kultur erstiegen, auf den des Christentums, ergibt sich die natürliche Problemstellung von selbst: wer ist der Beste und Größte? Der am besten dient! Damit fällt die törichte Auffassung, als ob die Wirksamkeit im Hause die niederere, die außer dem Hause die höhere sei, daß also das Weib, wenn es „Gleichberechtigung" haben will, außer dem Hause sich zu betätigen habe, in nichts zusammen. Wie Mann und Frau am besten dienen, das hängt jedesmal von den individuellen Anlagen und Umständen ab. Ein braver mittelmäßig begabter Geschäftsmann oder Beamter, der jahraus, jahrein, ohne eigene Initiative oder Gelegenheit dazu, sein gutes Stück Arbeit, und zwar in der Regel außer dem Hause verrichtet, dient in seiner Weise recht, auch wenn man nicht behaupten kann, daß seine Tätigkeit eine besonders hohe und ruhmreiche zu sein braucht; seine vielleicht viel begabtere Frau, wenn sie vermöge großer spezifisch weiblicher Eigenschaften hervorragend geeignet ist, sei es in der Kindererziehung, in der Hauswirtschaft, in der Armenpflege oder Krankenpflege zu wirken, wird in diesem ihrem Dienste unstreitig ein höheres Maß ersprießlicher Tätigkeit entfalten und dafür geschätzt werden können. Ja, in besonderen Fällen wird ihre Tätigkeit auch in die Öffentlichkeit hinausgreifen, im Dienste der öffentlichen Wohlfahrt oder als Schriftstellerin, Künstlerin usw. Aber da für die Einzelmenschen stets die Familie der Ausgangspunkt und Mittelpunkt sein muß, wird die Entscheidung hierüber, wie weit die Frau aus ihrer häuslichen Sphäre heraustreten soll, stets von der Erwägung abhängen müssen, wie weit sie dabei nicht etwa näherliegende und daher höhere Pflichten vernachlässigt. Die Zusammenarbeit von Mann und Frau für die Familie ist die erste Aufgabe, die die Art ihres gemeinsamen aber wohlgeteilten Dienstes zu bestimmen hat, und jede Eitelkeit, jeder unnatürliche Größenwahn, jede einfältige Vorstellung, als ob es etwa ruhmvoller und etwas Höheres wäre, zu schriftstellern als ein Kind sorgfältig zu erziehen und so durch die Tat zu beweisen, was die beste Schriftstellerin nur als ideale Forderung aufstellen kann, all solche Verschrobenheiten dürfen da nicht mitsprechen. Das Tragische, ja oft Tragikomische vieler strebsamen Frauen liegt eben darin, daß sie so gar keine Ahnung davon haben, worin ihre natürliche Stärke und ihre natürliche Schwäche liegt — denn jedes der beiden Geschlechter hat die „Fehler seiner Tugenden" —, und tritt dazu an Stelle des selbstlosen Wunsches zu dienen einmal die persönliche Eitelkeit ein, so verrennen sie sich in Sackgassen, vergeuden nutzlos ihre Kräfte und versäumen dafür ihre eigentlichsten Pflichten. Kein wirklich großer Mann ist auf seinen geistigsten Bahnen ohne die entscheidende Mitarbeit und Hilfe der Frau denkbar; ohne sie wäre er nur ein halber Mensch, mit ihr sind beide ein Ganzes. Es kann z. B. für die Frau eines bedeutenden Gelehrten oder Staatsmannes oder Künstlers u. a. m. gar kein höheres Verdienst geben, als diesem zur vollen Ausgestaltung seiner Ideen durch die notwendige Ergänzung männlicher Einseitigkeit durch weibliche Intuition zu verhelfen; es wäre törichte Verblendung, wenn sie wähnte, dadurch der Menschheit besser dienen zu können, daß sie auch schriftstellerte u. dergl. m., wobei sie zugleich die Harmonie ihrer gemeinsamen Lebensführung dadurch störte, daß sie allen übrigen Erfordernissen, denen er in seiner männlichen Dummheit nicht gewachsen, die sie aber allein dank ihrer weiblichen Überlegenheit zu bemeistern versteht, zu begegnen versäumt. Die Vorstellung, daß es ungerecht sei, wenn ein mit der Mitarbeit der Frau zustandegekommenes großes Lebenswerk eines Mannes in der Geschichte meist unter seinem Namen geht, ist doch eine erbärmliche Eitelkeit! Ebenso müßte es für den Mann schmerzlich sein, wenn nach den Gesetzen der Vererbung hervorragende Anlagen in seinen Enkelkindern weiterlebten, diese Enkel aber zufällig als Kinder seiner Töchter andere Namen trügen als er! Eitelkeit und Äußerlichkeit! „Name ist Schall und Rauch, umnebelnd Himmelsglut!" Man täusche sich ja gerade heute bei den hochgehenden Fluten der Frauenbewegung nicht über diese Kardinalfrage: wie diene ich am besten? Es ist gar zu verlockend, die persönliche Eitelkeit und die Selbstsucht, die den Dienst nicht als die höchste Stufe menschlicher Glückseligkeit empfindet, mit dem Deckmantel angeblich „höherer" Pflichten zu verschleiern. Die Selbstsucht wirkt stets nur zerstörend, nur die Liebe, die selbstlose Hingabe schöpferisch und aufbauend. Geistig rückständige oder verrohte Männer, die im umgekehrten Falle bei besonderer schriftstellerischer, künstlerischer u. a. Begabung einer Frau die Entfaltung derselben verwehren wollten von dem ordinären Gesichtspunkte aus, sie solle sich aufs Strümpfestopfen u. dergl. beschränken, sind ja heutzutage bei uns gesellschaftlich glücklicherweise unmöglich; aber man hüte sich auch da vor ungesunden, innerlich unwahren Sentimentalitäten! Ein wirklich großes Talent, durch dessen Unterdrückung die Menschheit Schaden litte, läßt sich, wie die Erfahrung beweist, kaum je unterdrücken. Aber all die hohlen Phrasen von „unverstandenen Frauen", die vor allem „ihre Persönlichkeit ausleben" zu sollen vorgeben, zerschellen an der ernsten Frage: wie dienst du am besten? Wissen denn diese eitlen Frauen nicht, wie bescheiden wirklich große Gelehrte, Staatsmänner, Dichter u. a. m. über ihre — der Gelehrten usw. — viel gerühmten Leistungen und mit welcher grenzenlosen Verehrung sie über die spezifisch weibliche Tätigkeit der schlichtesten unberühmtesten Frauen denken? Ahnen sie nicht, wie mancher von ihnen in nagendem Gram über seine ihm selbst nur zu wohlbewußte menschliche Unzulänglichkeit auf seinem Gebiete sich in bewundernder Demut neigt vor der Heldentat einer einfachen Mutter, die einem Kinde das Leben geschenkt, vor der Duldergröße eines Weibes, das den Tod überwindet, vor der unbesieglichen Liebe der Frau, die das Leben von der Sünde befreit und reinigt und heiligt? Wenn man der deutschen Frau im Auslande ihre Aufgabe zuweisen will, so muß man sich vor allem über die Stellung der deutschen Frau überhaupt zur deutschen Weltanschauung klar werden. Diese hängt nicht allein vom Mann, sondern in weit größerem Maße von der Frau ab. Die Wirksamkeit des Mannes ist das zeitlich Bedingte, Vorübergehende, Wandelbare, die der Frau das Dauernde im Wechsel. Sie ist die Hüterin der erworbenen Kulturerrungenschaften und als solche nicht nur die Bildnerin der heranwachsenden Generation, sondern auch die Kontrolle und Ergänzung der Einseitigkeiten des neuschaffenden Mannes. Gerade weil es ihr in den meisten Fällen vergönnt ist, sich von den vorübergehenden Erscheinungen des öffentlichen Lebens außer dem Hause, von Politik und Parteistreit und Strebertum usw. mehr fern zu halten, kann ihr Haus der Tempel sein, den sie als Priesterin rein hält, in den sie nur die dauernden, wirklichen Kulturwerte einläßt. In allen Zeiten der Not und Zerstörung unseres Vaterlandes ist die Frau die Retterin gewesen, die das Zerstörte, Verworrene mit der siegreichen Kraft ihrer Natürlichkeit, ihres ewig weiblichen Adels wieder aufgebaut hat. Die deutsche Weltanschauung, soweit es eine solche überhaupt schon gibt, ist das Empfinden der reinen, unverdorbenen, natürlichen deutschen Frau und Mutter, das im Ernstfalle stets das Richtige trifft. Das klingt wie ein Gemeinplatz und ist eine dennoch unendlich wichtige Beobachtung, denn gerade das Natürliche, Selbstverständliche wird so oft verkannt. Infolge unserer geographischen Lage und geschichtlichen Entwicklung ist das deutsche Wesen so vielgestaltig und widerspruchsvoll wie das keines andern Kulturvolkes. Deshalb ist es auch so schwer, das dauernd Wertvolle aus dem Wirrwarr des täglichen Außenlebens zu retten und zu sichern. Gerade deshalb aber ist die Arbeitsteilung vonnöten, nicht eine Teilung in Arbeiten angeblich höheren und niederern Ranges, sondern, wie vorhin angedeutet, verschiedener Aufgaben. Die auf den verschiedensten Gebieten ebenso verdienstlich als erfolgreich tätigen Frauenvereine hätten nicht die Hälfte ihrer Arbeit nötig und das Zehnfache ihres Erfolges sicher, wenn die Männer nicht so dumm wären; wenn diese es sind, sind aber doch in der Regel die

Frauen schuld daran. Jeder Durchschnittsmann kann seine Frau „beherrschen“ in allem, in dem sie beherrscht werden muß, und ebenso umgekehrt jede Durchschnittsfrau ihren Mann, sofern dieser nicht durch Alkohol zum unzurechnungsfähigen Lebewesen erniedrigt ist; gegenseitiges Beherrschen kann in gesitteten Zuständen aber nichts anderes als gegenseitiges sich Ergänzen bedeuten. In primitiven, barbarischen Zeiten herrscht die physische Kraft, in gesitteten die geistige. Aber da in der Menschheitsentwicklung stets der Egoismus mit der Trägheit Hand in Hand geht, geht es mit der gegenseitigen Ergänzung nur langsam voran, und erst wenn der durch Egoismus und Denkfaulheit allzulange Unterdrückte den Druck nicht länger ertragen will und zum eigenen Denken aufwacht, wird das im Prinzip längst als richtig und recht Erkannte auch allmählich zur Tatsache. Ohne die sogenannte sozialistische Bewegung wäre manches noch lange nicht ausgeführt worden, was das Christentum schon vor beinahe zweitausend Jahren als Forderung aufgestellt hat. Ebenso hätten Egoismus und Trägheit oder Denkfaulheit auch viele der selbstverständlichsten Forderungen der Würdigung der Gleichwertigkeit von Mann und Frau verzögert, wenn die Frauenbewegung nicht endlich erwacht wäre. Erfolg kann diese aber nur haben, wenn sie mit der Kraft ihrer spezifisch weiblichen Eigenart wirkt, und d. h. mit ihrer Wirksamkeit im Hause, in der Familie.

Es wird der deutschen Frau im Auslande leichter sein, die deutsche Eigenart im Hause zu hüten, wenn die Umgebung, d. h. das fremde Land, in dem sie sich befindet, ihr von vornherein mit Hochachtung und Zuneigung entgegenkommt, also insbesondere dort, wo das Deutschtum als das Höhere und Kulturbringende empfunden wird; doppelt schwer aber in Ländern wie England und Frankreich.

In England ist schon, abgesehen von allem andern, die Landessprache ihrer leichten Erlernbarkeit wegen der deutschen Frau gegenüber sehr im Vorteil; sobald es in die

Wahl der Kinder gestellt ist, bevorzugen sie unrettbar die englische Sprache, auch selbst da, wo das Elternhaus auf sein Deutschtum noch etwas hält. Wie es da mit den deutschen Frauen meist steht, das ist ein trauriges Kapitel. Habe ich es doch sogar in Schweden erlebt, bei diesem liebenswürdigen, anspruchslosen, deutschfreundlichen Fünfmillionenvolk, wo jeder Gebildete etwas Deutsch kann und gar nicht erwartet, daß man seine Sprache zu erlernen sich bemüht, daß die Kinder eines hochgebildeten ganz deutschen Elternpaares nur ganz wenig Deutsch und das mit Widerwillen sprachen. Wie schlimm muß da die Sprache der Mutter versagt haben! Gerade weil in England die Versuchung übergroß ist, sich ausschließlich der Landessprache zu bedienen, und die ganze englische Kulturatmosphäre auf den Fremden, besonders den Deutschen einen ganz eigenartigen Zauber ausübt, ist die Bewahrung deutscher Eigenart doppelt, ja dreifach schwierig. Dieser Schwierigkeit kann fast nur die deutsche Hausfrau Herr werden, und nur, wenn sie diese Aufgabe als eine der selbstverständlichsten betrachtet! Sie muß im Gegensatz zu der bisher fast allgemeinen Neigung unserer Auslandsdeutschen, sich der fremden Nation anzugleichen, grundsätzlich daran festhalten, mit ihrem Hause eine Deutsche, d. h eine Fremde zu bleiben. Ohne gegen die fremde Umgebung irgendwie unfreundlich, geringschätzig oder ablehnend zu sein, muß sie ihre Kinder von frühester Jugend an in dem natürlichen Empfinden erziehen, daß sie dort Fremde sind und selbstverständlich immer bleiben wollen, mit derselben harmlosen Selbstverständlichkeit, wie in Deutschland der kleine Heinz Schmidt in die Familie Schmidt, und der kleine Kunz Müller des Nachbarhauses in die Familie Müller und sonst nirgendwohin gehört, daß also zur Heiligkeit des intimen Familienkreises im Auslande noch die Heiligkeit der nationalen Abgeschlossenheit und Ausschließlichkeit hinzukommt. Daß der unleugbare praktische Vorteil für die Kinder, zweisprachig zu sein, ernstlich gefährdet wird, wenn im Hause nur Deutsch gesprochen wird, ist ganz ausgeschlossen. Das Englische lernen sie unfehlbar von selbst in der Schule und von ihren Spielkameraden; aber der unentweihte, durch keinerlei Zweifel oder Halbheiten in Unklarheit und Verwirrung gebrachte Tempel echt deutscher Kultur, dessen Hüterin die deutsche Mutter ist, muß dem deutschen Kinde im Auslande als ausschließlicher intimster Mittelpunkt all seiner Gemütswerte gelten und wird Außenstehenden, die darin freundlichen Zutritt finden, darum nur um so ehrwürdiger, wenn nicht vielleicht sogar sympathischer erscheinen. Wenn dieser Geist nationaler Würde die deutsche Frau im Auslande beherrscht, dann wird vielleicht auch ein deutsches Kind seine Mutter, die einmal zu ihm Englisch statt Deutsch spricht, erschrocken fragen: „Mama, bist du denn böse auf mich?"

Die Erziehung der weiblichen Jugend für den Auslandsgedanken.

Von Margarete Treuge.

(Aus: Die Lehrerin, Oktoberheft 1916 Verlag Teubner, Leipzig.)

Bei den letzten Verhandlungen des preußischen Abgeordnetenhauses, in denen der Kultusetat zur Besprechung stand, wurde eine Forderung durchweg von den Vertretern aller Parteien erhoben und mit verschiedenen Gründen unterstützt: die Notwendigkeit einer Erziehung für den Auslandsgedanken, d. h. eine Vorbereitung der Jugend auf die deutschen Aufgaben in der Welt, eine Erweiterung des Blickes über die Grenzen des eigenen Vaterlandes hinaus, eine „planetarische" Einstellung bei Behandlung nicht nur politischer, sondern auch wirtschaftlicher und kultureller Fragen. Über den Weg zur Erreichung dieses Ziels zwar waren die Meinungen geteilt: Schaffung eines besonderen Faches, das alle diese Dinge behandelt und sich entweder den sprachlich-historischen Disziplinen anschließen oder eine eigene, neue Fakultät bilden und als solche jeder Universität angegliedert werden soll, oder Organisation einer besonderen Auslandshochschule, oder Umbildung des orientalischen Seminars in Berlin, das als solches bereits eine vom Reich (nicht von den Einzelstaaten) ins Leben gerufene Anstalt ist, zu einem den modernen Forderungen entsprechenden wissenschaftlichen Sammelpunkt der Forschung und der Unterweisung. Aber bei Erörterung all dieser Möglichkeiten war doch immer nur an eine Bildungsstätte für junge Männer gedacht, die als Beamte oder Kaufleute später ins Ausland gehen wollen.

Nun aber lehren uns die Tatsachen, daß auch Frauen und Mädchen Vertreterinnen des deutschen Gedankens in der Welt sein können, ja mehr als bisher diese ihre

Aufgabe bewußt und selbstverantwortlich übernehmen müssen, und sie darauf vorzubereiten ist ein Ziel, das sich der Auslandsbund Deutscher Frauen gestellt hat.

Die Arbeit des Bundes ist eine zweifache; als erstes: Die Zusammenfassung der über die Welt verstreuten deutschen Frauen in lebendiger Gemeinschaft, die Knüpfung eines Bandes zwischen den Frauen in der alten und in der neuen Heimat und die Stärkung des Gefühls der Zusammengehörigkeit mit dem mütterlichen Boden, dem sie entstammen, dem sie ihre Jugend und ihre Sprache danken; als zweites: Erziehung der Frauen in Deutschland selbst für den Auslandsgedanken, Ergänzung der bisher vorwiegend auf die innerpolitischen Dinge gerichteten Interessen, die auch bei den politisch teilnehmendsten Frauen vor dem Kriege nur ausnahmsweise auf das Gebiet der Auslandsbeziehungen gerichtet waren, nach der Seite der auswärtigen Politik. Dem ersten Zweck werden lebhafte Verbindungen zwischen deutschen und außerdeutschen Ortsgruppen des Auslandsbundes dienen, Verbindungen auf dem Wege von Briefen und Schriftenaustausch, vielleicht auch durch Rednerinnen und gegenseitige Besuche der Menschen verschiedener Länder. Gegenwärtig kann dieser Teil des Programms nur erfüllt werden, indem die Auslandsdeutschen, die sich als Flüchtlinge hier aufhalten, mit der kulturellen, geistigen und sozial-praktischen Arbeit des Vaterlandes vertraut gemacht werden. Da der Auslandsbund — im Gegensatz zum Verein für das Deutschtum im Ausland (mit dem er sonst vielfach zusammenarbeitet) — kein Wohlfahrtsverein ist, keine Unterstützungen gewährt, so wendet er sich naturgemäß an diejenigen gegenwärtig hier weilenden Frauen, die durch ihre Lebensstellung und ihren Besitz dazu berufen sind, im eigentlichen Sinne deutsche Kulturträgerinnen im Ausland zu sein; so werden diese z. B. von der Berliner Ortsgruppe des Bundes in diesem Winter durch die Wohlfahrtseinrichtungen geführt, damit sie durch den Augenschein das sozial gewordene Deutschland kennen lernen und damit einen Entwicklungsabschnitt, den sie vielleicht fern der alten Heimat zubrachten, der ihnen darum erst jetzt in seiner vollen Bedeutung aufzugehen vermag. Umgekehrt ist der Aufenthalt besonders zahlreich geflüchteter Auslandsdeutscher ein Anlaß, durch sie den deutschen Frauen, die kaum über die Grenzen ihres Landes hinausgekommen sind, zum mindesten nicht arbeitend ihre Leistung in die eines anderen Volkes mithineinverwoben haben, Einblicke zu gewähren, die die Unmittelbarkeit des Erlebens tragen und Ausblicke, die ideell ein Stückchen deutscher Zukunftsentwicklung vorbereiten. Aber nicht von diesen Arbeitsgebieten des Auslandsbundes Deutscher Frauen an sich soll hier gesprochen werden, sondern von der Übertragung der zugrunde liegenden Ideen auf die Beeinflussung der Mädchen, der weiblichen Jugend.

Es ist der Plan gefaßt worden, den Ortsgruppen Jugendgruppen anzugliedern, die als Abteilungen der Ortsgruppen mit Genehmigung des Ortsgruppenvorstandes gegründet werden können. Für diese geplanten und in einzelnen Städten auch bereits organisierten Jugendgruppen hat Fräulein Dr. Alice Salomon Richtlinien ausgearbeitet, die über den Rahmen des besonderen Vereins oder Verbandes hinaus Grundsätzliches zu einer neuen Erziehungsaufgabe enthalten und daher von allgemeiner Bedeutung sind. Die wichtigsten Forderungen des von Fräulein Dr. Salomon aufgestellten Programms sollen hier — mit Auslassung aller vereinstechnischen Einzelheiten — lediglich nach ihrer pädagogischen Seite hin gewertet werden, d. h. als Sätze zu einer Neugestaltung des weiblichen Bildungsideals. Danach sollen die Jugendgruppen ihren Zweck auf zweierlei Weise verfolgen:

1. Durch Vorträge, Erörterungen und Studienreisen über die Lebensverhältnisse in anderen Ländern.
2. Hilfeleistung bei der Auskunftserteilung und Beratung von Auslandsdeutschen.

Zu 1. lautet die weitere Ausführung und Begründung:

„Es empfiehlt sich, in jedem Vereinsjahr entweder ein Land zum Gegenstand der Vorträge usw. zu machen und nacheinander geographische Lage, Wirtschaftsleben, politische Verhältnisse und Verfassung, soziale Einrichtungen, Kunst und Literatur, religiöse Strömungen des betreffenden Landes zu behandeln, oder in jedem Jahre eine ganze Zahl von Kulturländern unter einem Gesichtspunkte zu betrachten, etwa: das Wirtschaftsleben, dann die Verfassung und das politische-soziale Leben usw."

Eine grundlegende Frage ist damit gestellt: ob die monographische oder die vergleichende Geschichtsbetrachtung vorzuziehen sei, und welche Vorzüge beiden Methoden zukommen. Mir will es scheinen, als ob nur der erste Weg der wirklich gangbare wäre. Durch die ständige Vergleichung und Gegenüberstellung wird das Wesenhafte eines jeden Staatsgebildes, seine Eigenart und Unverletzlichkeit zu sehr in den Kreis der Beziehungen, der bloßen Abhängigkeiten hineingezogen, und der Staat büßt in der Betrachtung ein, was seine Persönlichkeit ausmacht. Diese Tatsache — der Staat als Persönlichkeit — die ist ja aber nur das Ergebnis treibender Innenkräfte, die sich mit den Namen der verschiedenen Kulturzweige, wirtschaftlichen und militärischen Entwicklungen benennen und durch die verschiedene Stärke wechselseitiger Einwirkung dem Staat die bestimmte Prägung geben. Es ist die Hinarbeitung auf die politische, an Stelle der sogenannten kulturgeschichtlichen Betrachtung, die damit verlangt wird. Kulturbetrachtung und Einblick in politische Zusammenhänge gewähren beide Arbeitsmethoden; es ist nur eine Verschiebung des Wertakzents, die sich auf die eine oder andere Art kundtut. Eine vorbildliche Behandlung dieses Themas gibt z. B. das Werk des Schweden Kjellen „Die Großmächte der Gegenwart"*), ein Buch, das bei erklärender und helfender Durcharbeitung von jungen Mädchen schon verstanden werden kann und ganz besonders geeignet ist, die Grundlage für weiteres Eindringen in den Stoff vorzubereiten.

*) Siehe Literaturverzeichnis.

Die Richtlinien von Dr. Alice Salomon fahren dann fort: „Die auf diese Weise vermittelte Kenntnis soll die Grundlage für ein Verständnis der Lebensbedingungen der Auslandsdeutschen geben. Sie soll aber auch den jungen Mädchen selbst die Fähigkeit geben, Reisen ins Ausland nutzbar zu machen zu der wahren Vertretung deutschen Wesens und deutscher Kultur, die nur dem im Auslande möglich ist, der fremde Art erfassen kann."

Der Sinn alles Lernens und geistigen Erfassens ist damit bezeichnet: Erlerntes zur praktischen Lebensgestaltung werden zu lassen, Umsetzung des Gedankens in die Tat. Und in dem Ausblick auf das Verhalten der jungen Deutschen der Zukunft kommt nun wieder die doppelte Zielsetzung des Auslandsbundes zum Ausdruck: Erweckung eines neuen Sinnes, einer bisher bei vielen Deutschen — nicht nur Frauen — schlummernden Anlage, Einreihung der politischen Fragen und Aufgaben in den Kreis der eigenen Aufmerksamkeit, Erleben des bewußten Deutschtums. Das alles aber schon immer im Hinblick auf die Möglichkeit der Vertretung dieser Lebensgesinnung im Auslande. Das späte Eintreten Deutschlands in den Kreis der Weltmächte hat die geistige Unsicherheit geschaffen, aus der häufig für Deutsche in der Fremde zwei Gefahren erwuchsen: ein allzu selbstbewußtes Auftreten, um sich Recht und Geltung zu sichern, oder ein kritikloses Bewundern des Ausländischen. Keineswegs sollen hier die oft viel zu sehr betonten Schwächen aufs neue in all ihren Einzelheiten gekennzeichnet werden. Der reisende Deutsche mit seiner aufdringlichen Kulturlosigkeit — der übrigens seinen geistigen Genossen im Franzosen und Italiener und im Angehörigen aller Länder hat, die als Ergebnis ihrer Zivilisation auch den Spießbürger, den „Bourgeois" aus sich herausproduziert haben — ist zu rein politischen Zwecken von den Gegnern so ausgiebig benutzt worden, daß wir von seiner bekämpfenswerten Existenz zur Genüge überzeugt sind (wenn auch die Gegnerschaft gegen ihn nicht einschlafen darf, da ihm aus der Zahl der „Kriegswucherer" neue Stärkung erblühen kann und deutscher Kultur damit neue Gefahr droht). Bei den Frauen besteht mehr die zweite Hemmung: den deutschen Gedanken in der Welt zu gefährden durch hilfloses Sicheinfügen oder bewunderndes Sichfügenwollen in die wesensfremde Art. Wie viel peinliche Beispiele sind uns gerade im Krieg bekannt geworden von würdeloser Bescheidenheit deutscher Erzieherinnen in Frankreich (das deutsche „freulein" in Lille), von anglisierten Frauen deutscher Kaufleute in den Überseeländern. Diese Beispiele zeigen, welche ungemein weitgehende Bedeutung die Haltung der deutschen Frau im Ausland hat. Das Wort hat schon seinen inneren Sinn und seine Berechtigung, das von England (freilich in andersgemeinter und frivol rücksichtsloser Absicht) gebraucht wurde, um den Kampf gegen Frauen und Kinder zu begründen: „daß die Frau aus der Reihe der kämpfenden Deutschen nicht mehr auszuschließen ist und darum keine Schonung beanspruchen darf". Nehmen wir es als Grundsatz in unsere fernere Lebensgestaltung hinüber! Praktisch heißt das: Es sollten, wenn nach dem Kriege wieder Beziehungen mit dem Auslande angeknüpft werden, vor allem auch mit dem uns ja jetzt gleichfalls fast verschlossenen, noch neutral gebliebenen Ausland, nur solche Lehrerinnen und Erzieherinnen hinausgeschickt werden, die würdige, mit Takt und Selbstbewußtsein in gleicher Weise innerlich ausgestattete Menschen sind, daß man ihnen das Amt ruhig anvertrauen kann. Den Stellenvermittlungen ist damit eine neue Aufgabe gestellt. Vor allem aber müssen die deutschen Mädchen daraufhin erzogen werden, daß Entgleisungen nach der Seite falscher Demut oder falschen Auftrumpfens nicht mehr vorkommen können, daß sie Verständnis für fremde Art mit dem Stolz auf die eigene Art zu verbinden vermögen.

Der ersten Einführung der Jugend in den Auslandsgedanken war eine weitere von Dr. Alice Salomon hinzugefügt: durch praktische Leistung schon in der Heimat selbst. Zu 2. heißt es da: „Die Jugendgruppe unterstützt die Ortsgruppe auf deren Wunsch bei der Auskunftserteilung an Auslandsdeutsche durch Beschaffung von Material und alle Ausbildungsgelegenheiten und Berufsgelegenheiten für junge Mädchen. Zu diesem Zweck ist es Pflicht der Jugendgruppen, sich über alle derartigen Fragen zu unterrichten und durch ständige Fühlungnahme mit den Berufsberatungsstellen der anderen Frauenvereine am Ort, mit den Jugendgruppen der anderen Frauenvereine und dergleichen."

Ein Wort in diesem Leitsatze ist besonders eindringlich wiederholt: das Wort „Beruf". Es weist hin auf die beherrschende Tatsache der Gegenwart: die Prägung des neuen Deutschland durch die Arbeit. In der Berufsleistung muß der deutsche Kulturgedanke hinausgetragen werden in die Welt. Kein junges Mädchen, das heute nicht daran denkt, womöglich einmal die Lebensarbeit „draußen" zu finden: an Konstantinopel denken die noch etwas Zaghafteren, an Bagdad die Kühneren, und indem sich so in der heutigen Jugend, auch in dem besten Teil der weiblichen, der Berufs- mit dem Staatsgedanken verbindet, erlebt diese Jugend die Einsicht in die Verbindung des sozialen und des Machtgedankens — diese nicht mehr zu trennende Einheit im modernen Großstaat. Diese Einsicht, die aus ihr erwachsende Berufsmoral befreit ebenso von peinlicher Unterwürfigkeit, wie sie den freien Wagemut durch ruhiges Verantwortlichkeitsgefühl zu innerer Ausgeglichenheit führt.

Eine solche Lebensgesinnung aber, im Ausland vertreten, muß rückwirken auf die Gesinnung in Deutschland selbst. Nur durch wechselseitigen Austausch der Eindrücke können diese Gefühle befestigt werden, und darum muß noch etwas hinzutreten, was Dr. Alice Salomon nicht besonders angibt und was doch der Erziehung der Jugend für den Auslandsgedanken dient: der Briefwechsel zwischen deutschen Kindern daheim und in der Fremde. Hieran können sich auch jüngere Mädchen beteiligen. Während bei der Bildung von Jugendgruppen doch vorwiegend an

Schulentlassene gedacht ist, Mädchen von 16—20 Jahren etwa, können für den schriftlichen Gedankenaustausch wohl auch jüngere Kinder — etwa von 12—13 Jahren an — herangezogen werden. Die anregenden Briefwechsel zwischen Kindern fremder Nationen, die vor dem Kriege stattfanden, haben aufgehört. Ein Ersatz kann hier geschaffen werden durch Verbindung der deutschen Jugend in der Welt. Eine neue Form der Kameradschaftlichkeit wird sich da entwickeln, ein neuer Sinn für das „größere Deutschland" herausbilden, eitle Selbstbespiegelung in der Heimat durch Einblick in fremde Verhältnisse aufhören, Unter- oder Überschätzung des Fremden durch Aufhebung der geistigen Grenzsperre schon in der Jugend ertötet werden. Solche Briefwechsel aber dürfen sich nicht nur auf die direkt dem Auslandsbund in Ortsgruppen angeschlossenen Mädchen beschränken, sie müssen sich auf weiteste Kreise erstrecken; vielleicht können „korrespondierende" Mitglieder in den einzelnen Teilen Deutschlands und des Auslands angeschlossen, vielleicht nur die Vermittlung solcher schreibenden Kameraden und Kameradinnen geschaffen werden, deren Leitung in den Händen des Auslandsbundes Deutscher Frauen liegen müßte.

Und wenn mit diesem Vorschlage der Kreis der mitarbeitenden Jugend schon über die eigentlichen Ortsgruppenmitglieder hinaus ausgedehnt ist, so mag gleich noch eine andere Anregung weitergegeben werden, die — in Frl. Dr. Salomons Schlußthese schon angedeutet — in einem Vortrag Frl. Dr. Bäumers eingehendere Ausführung erhielt: das erweiterte Erziehungsprogramm hineinzutragen in die Frauenvereine überhaupt, auch dorthin, wo keine Ortsgruppen des Auslandsbundes sind; denn diese werden sich naturgemäß — das liegt in der Art ihrer Organisation und zum Teil auch ihrer repräsentativen Bedeutung — nur in großen Städten und auch nur an bedeutsamen Plätzen des Auslandes bilden können. Wohl aber müßten überall da, wo deutsche Frauen sich zu einer Arbeits- und Kulturgemeinschaft zusammenschließen und zusammengeschlossen haben, die hier vorgetragenen Gedanken Eingang finden.

Und in besonderem Maße sollte das bei den schon bestehenden zahlreichen Jugendgruppen der Fall sein (meistens sind es ja „Gruppen für soziale Hilfsarbeit"). Dieselben sollten sich in Vorträgen, Lektüre, gemeinsamen Besprechungen damit beschäftigen, weil ihnen die Umwandlung des Staats aus dem bloßen Rechts- in den sozialen Wohlfahrtsstaat danach in einer neuen Notwendigkeit erscheinen würde. Eine Zusammenarbeit von Auslandsbund mit anderen Frauenorganisationen, die Beschaffung von Material und Rednerinnen durch den ersteren müßte eingeleitet werden.

Die Jugend, die wir brauchen, ist da: willens, bereit, aufnahmefreudig, tatfreudig! Diese Bereitschaft auszunutzen ist Aufgabe derer, in denen sich Erziehungsfreudigkeit und der neue vaterländische Geist zur bestimmenden Lebensanschauung verschmolzen haben.

Der Stil der Dame

Von Leopold von Wiese.

Bisweilen, wenn mich der Anblick einer schönen, vornehmen Frau beglückt, fällt mir eine Melodie von einschmeichelndem Rhythmus ein, die ich vor Jahren in einer glücklichen Stunde gehört haben mochte, von der ich aber zunächst nicht recht weiß, wann und wo es war. Nur daß es im fernen, sehr fernen Auslande gewesen, und daß mich damals die wiegenden Klänge sogleich mit allem verbanden, was mir in der Heimat teuer und begehrenswert erschien, dessen entsinne ich mich.

Doch ich will den Erinnerungen nachspüren: Es war eine Dämmerstunde am Wasser, am Meere. Damen in hellen Kleidern saßen ringsum. Eine Musikkapelle spielte einen langsamen, weichen und fremdartigen Walzer. Jetzt weiß ich es: es war im Garten des Yachtklubs von Bombay. Auf der Wiese am Strande standen die Teetische, und es war mir nach Wanderungen durch Bezirke der Eingeborenen eine Wonne, wieder die elegante europäische Welt zu sehen. Schöne und schlanke Frauen waren kurz zuvor von der Sommerreise in die Heimat nach Indien zurückgekehrt und zeigten ihre neuen Toiletten und Hüte, die sie aus Europa mitgebracht hatten. Es war die halbe Stunde nach Sonnenuntergang, die dort die schönste des Tages ist. Der Himmel überzieht sich mit einem rätselhaften, gelben Lichte; alles ist gleichsam magisch beleuchtet, während sich endlich eine erfrischende Kühle breitet. Nun spielt die Musik gerade diesen einen der wenigen wirklich schönen englischen Walzer sehr zart und schmiegsam. In der Ferne leuchten die Segel im Phosphorlichte der Dämmerstunde. Am Nebentische lächelt eine junge dunkelblonde Schöne unter ihrem großen Schutenhute zu ihrem Kavalier hinüber. Bis die Dunkelheit kommt, sehe ich über die Wasserfläche zum Horizonte hinüber, wo die Insel Elephanta sichtbar ist, die die uralten Höhlentempel trägt. Ich sinne über etwas nach, was mich seitdem noch oft beschäftigt hat:

Auf Reisen kann man beobachten, wie verschieden die nationalen Charaktere sind. Schon der äußere Eindruck zeigt Gegensätze. Dabei läßt sich feststellen, daß Frauen deutlicher und beständiger die Eigentümlichkeit ihrer Rasse und ihres Stammes verkörpern als zumeist die Männer. Diese tragen vor allem die Unterschiede der Berufe zur Schau. Der Fabrikarbeiter, der Bergmann, der Hausierer, der Schauspieler, Geistliche, Offizier, Gelehrte und Beamte sehen sich in der ganzen Welt ähnlich. Die soziale Arbeitsteilung hat im Volke die Gruppen nach der Alltagsarbeit gesondert und macht die auf gleichem Gebiete Tätigen bei allen Völkern untereinander ähnlich. Frauen dagegen verkörpern die Natur ihrer Heimat. Blonde Schwedinnen, amerikanische Misses, schlanke Polinnen, kokette Pariserinnen und Deutsche mit dem warmen Leuchten ihrer Augen: alle sind Blüten ihrer Heimatserde und ihres Volkes, meist ohne Kenntnis dieses Umstandes, darum aber um so sicherer.

Zugleich aber gibt es bei all diesen Besonderheiten einen einheitlichen Idealtypus, von dem alle Stammeseigentümlichkeiten nur konkrete Abwandlungen eines Stils sind. Ich möchte ihn Dame nennen, also dafür ein Wort gebrauchen, dessen Kurswert man leider zu vermindern gesucht hat. Zu den vielen Geschmacklosigkeiten in den letzten Jahren hat man auch die hinzugefügt, daß man die Dame herabzusetzen anhub. Aus der Not wollte man dabei eine Tugend machen. Da die rauhe und harte Zeit alle Kraftanspannung auf die Lebensnotdurft und des Daseins Plage lenkte, und da um die bloße Existenz mit höchster Anstrengung gerungen werden mußte, zog man Blick und Sinn nachdrücklich vom schönen Glanze weg, der in Wahrheit sehr viel mehr als Schein, nämlich Symbol unvergänglicher Werte ist. Nun fanden die Rigorosen und Überstrengen die Dame zu glatt und zierlich;

sie entspräche nicht mehr dem neuen Typus der hartarbeitenden, nur ihrer Pflicht nachgehenden Frau.

Aber nicht alle werden es mißverstehen, wenn ich trotz den modernen Spartanerinnen noch immer glaube, daß bei den höher entwickelten Völkern die Dame die einzige harmonische Verbindung von Natur und Kultur ist, die es gibt. Ihr großer Vorzug ist es, daß sie sich um die Synthese nicht bewußt und „methodisch" müht, sondern sie, als wäre sie selbstverständlich, lebt und in Haltung, Worten und Taten als freies, unproblematisches Seiendes für alle Eindrucksfähigen verkörpert.

Im Wesen der Dame liegt etwas von Natur aus Kosmopolitisches. Man trifft sie in Berlin, in München, am Rhein wie in Wien und Konstantinopel, an der Themse wie an der Seine, in Moskau, Indien und in Peking, an der kalifornischen Küste wie in Dai Nippon. Nicht, daß es sich dabei um einen internationalen Typus ohne Eigenart und Charakter handelte; im Gegenteile: das ist ihr wundervolles Geheimnis, dieser Rhythmus der Vereinigung zwischen dem Heimatswesen des Weibes und diesem Einheitsstile, diese harmonische Ausgeglichenheit von Maß und Freiheit. Ausländerei und übertriebene Bewunderung des Fremden als Fremden kann schon deshalb nicht zur Eigenart der Dame gehören, weil sie sich instinktiv zu sehr ihres eigenen und selbständigen Wertes bewußt ist und Liebedienerei vor dem Wesensfremden ihre Harmonie stören würde. Das wahrhaft Kosmopolitische, das nur aus einer sicheren Verwurzeltheit im Heimatsboden hervorgeht, steht diesem Emporkömmlingswesen des Internationalismus kraß entgegen.

Heute, in einer Zeit scharf trennender Gegensätze zwischen den Nationen, empfinden wir die unausgesprochen jenseits aller feindlichen Taten und Worte stehende Stileinheit des Europäertums mit um so größerer Wärme, je mehr sie nicht in öffentlichen Kundgebungen, politischen Bestrebungen und im Wirtschaftsleben — kurz: in allem Oberflächlichem — zum Ausdruck kommen kann. Kräfte, die in tieferen Seelenschichten leben und in das Wort werdende Bewußtsein nur wenig reichen, beeinflussen um so stärker unseren Instinkt.

So erfassen wir auch gefühlsmäßig den Stil der europäischen Dame als etwas Köstliches. Immer wieder werden wir die einzelnen Frauen, denen wir begegnen, an diesem Ideale messen: ob sie uns zugleich den Zauber der Heimat und den Rhythmus der großen Welt verkörpern. Je mehr in Zukunft die Völker in eine wirksamere Verbindung treten als bisher, desto mehr stille Rivalität der nationalen Sondertypen der Dame wird es geben. Seit die Pariserin und die Britin beobachten, daß die deutsche Frau in ihrer Art keineswegs hinter ihnen zurücksteht und zurückstehen mag, suchen sie bisweilen durch Spott und Ironie Germanias Töchter einzuschüchtern und in ihrem Selbstvertrauen irre zu machen. Das wird vergeblich sein. Geschmack, Grazie und Anmut gedeihen überall da, wo sich edle Frauen frei bewegen. Diese Güter mehren sich von selbst, wenn der Boden durch Bildung, freie gesellschaftliche Einrichtungen, Kunst und Schönheitspflege, reizvolle Geselligkeit und Ritterlichkeit bereitet wird. Niemals kann man sie durch gute Lehren, „planmäßige Erziehung“ und sonstige Pedanterien herorbringen. Damentum läßt sich nicht paragraphenweise erlernen. Aber viel läßt sich durch das Beispiel wirken; der Nachahmungstrieb hat auch seine guten Seiten.

Eine Frau, in der die Harmonie weiblicher Vornehmheit verkörpert ist, erringt draußen in aller Welt ihrem Vaterlande mehr Zuneigung und Bewunderung, als es jegliche bewußte Agitation vermag. Freilich ist auch das Gegenteil richtig: Alles, was geschmacklos, unweiblich und formlos ist, bringt dem Vaterlande Schaden und Nachteil. Aber das läßt sich nicht predigen und lehren; das läßt sich nur fühlen.

Auslandsbund Deutscher Frauen.

Haupt-Vorstand.

Vorsitzende:

Gräfin *von Radolin*, geb. Gräfin *Königsmarck*, Berlin NW, Roonstraße 9.

I. E. Frau Staatssekretär Dr. *Solf*, geb. *Dotti*, Berlin W, Wilhelmstraße 66.

I. E. Frau Gräfin *Schwerin-Löwitz*, Berlin, Leipziger Str. 4.

Schriftführerinnen:

Frau Ministerialdirektor *Mathieu*, Berlin-Schöneberg, Salzburgstraße 12 (korrespondierende).

Fräulein Dr. *von Harnack*, Berlin-Grunewald, Kunz Bundschuhstraße 2 (protokollierende).

Schatzmeisterin:

Frau Geheimer Kommerzienrat *Lucas*, Berlin W, Drakestr. 1.

Beirat:

Fräulein Dr. *Gertrud Bäumer*, Hamburg, Scheffelstr. 30.

I. E. Frau *von Bissing*, geb. Gräfin *Königsmarck*, Große Quer-Allee 1.

Frau *von Bredow-Bredow*, Berlin, Magdeburger Straße 4.

I. E. Frau *von Haxthausen*, Ludwig-Kirchplatz 3—4.

Frau Geheimer Oberfinanzrat *Hessberger*, Berlin, Am Zeughaus 1—3.

I. E. Frau Staatsminister *von Hentig*, Berlin, Kurfürstendamm 148.

Frau Kommerzienrat *Hedwig Heyl*, Berlin, Hildebrandstr. 14.

I. E. Frau Staatsminister *von Jagow,* geb. Gräfin *Solms,* Berlin, Budapester Straße.

Frau Konsul Dr. *Mudra,* Philadelphia, z. Zt. Cöln a. Rhein, Sachsenring 75.

Frau *Leonore Nießen-Deiters,* Düsseldorf, Grafenberger Allee 64.

Fräulein Dr. *Alice Salomon,* Berlin, Luitpoldstraße 27.

Gräfin *Sascha Schlippenbach,* Berlin, Königsplatz 5.

Freifrau *von Stumm,* geb. *von Behr,* Berlin, Brücken-Allee 7.

I. E. Gräfin *C. Tattenbach,* Berlin, Königsplatz 5.

I. E. Frau Großadmiral *von Tirpitz,* Berlin, Königin Augustastraße 38.

Provinzialverband Rheinland.

Vorstandsmitglieder:

I. Vorsitzende: Frau Baronin *Th. von Guilleaume,* Cöln, Deutscher Ring 45.

II. Vorsitzende: Frau Geheimrat *von Oswald,* Coblenz, Rheinanlagen 8—10. (Zugleich Vorsitzende des volkswirtschaftlichen Ausschusses.)

III. Vorsitzende: Frau Geheimrat *Litzmann,* Bonn, Kaiserstraße 233 (Vertreterin der Ortsgruppe Bonn; zugleich Vorsitzende des wissenschaftl. Ausschusses).

Protokollierende Schriftführerin: Frau Prof. *Aschaffenburg,* Cöln-Lindenthal, Stadtwaldgürtel 30.

Korrespondierende Schriftführerin: Frau *Ada Deichmann,* Cöln, Georgsplatz 16.

Schatzmeisterin: Frau Justizrat *Falk,* Cöln, Christophstraße 39.

Beraterin: Frau Konsul *Mudra,* Cöln, Sachsenring 75.

Vertreterin der Ortsgruppe Cöln: Frau *A. Neven DuMont,* Cöln, Overstolzenstraße 3/15.

Vertreterin der Ortsgruppe Coblenz: Frau Oberregierungsrat *Brückner,* Coblenz, Adamsstraße 6.

Vertreterin der Ortsgruppe Düsseldorf: Fräulein *Minna Blanckertz,* Düsseldorf, Bahnstraße 29. (Zugleich Vorsitzende des Ausschusses für bildende Künste.)

Frau Baronin *von Oppenheim,* Cöln, Villa Türmchen (Vorsitzende des Ausschusses für Auskunftserteilung).

Frau Justizrat *Bodenheimer,* Cöln, Belfortstraße 9 (Vorsitzende des literarischen Ausschusses).

Frau Justizrat *Viktor Schnitzler,* Cöln, Kaiser-Wilhelm-Ring 19 (Vorsitzende des musikalischen Ausschusses).

Frau *von Mallinckrodt,* Cöln, Sachsenring 77 (Vorsitzende des gesellschaftlichen Ausschusses.

Frau *Grete Krohn,* Cöln-Riehl, Florastraße 209 (Vertreterin Jugendgruppe).

EMPFEHLENSWERTE LITERATUR

Kjellen: Die Großmächte der Gegenwart. (Teubner, Leipzig 1914.)

Marcks: Die imperialistische Idee in der Gegenwart. (1911 und 1915.)

Handbuch fürs Deutschtum im Ausland, herausgegeben vom Verein fürs Deutschtum im Auslande. (Schulverein.)

L. Nießen-Deiters: Die deutsche Frau im Ausland und den Schutzgebieten. (Egon Fleischel & Cie., Berlin.)

L. Nießen-Deiters; Frauen- u. Weltpolitik. (Markus & Weber, Bonn.)

Prof. Arn. Schröer: Zur Charakterisierung der Engländer. (Markus & Weber, Bonn.)

Ruedörffer: Grundzüge der Weltpolitik in der Gegenwart. (1914.)

FSC
www.fsc.org
MIX
Papier | Fördert
gute Waldnutzung
FSC® C083411

Kolibri 360 GmbH
Ferdinand-Jühlke-Straße 7
99095 Erfurt, Deutschland
produktsicherheit@kolibri360.de